浙江省普通本科高校“十四五”重点立项建设教材

畲族体育

HE ETHNIC SPORTS

主　编：郭永红　丽水学院

副主编：方哲红　丽水学院　　王晓飞　丽水学院

编　委：兰进平　景宁民族中学　　张正民　丽水学院

蔡春霞　丽水职业技术学院　　薛　伟　丽水学院

韩长良　丽水学院

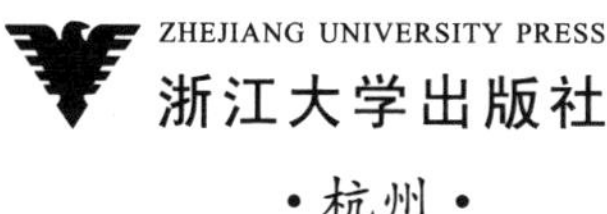

ZHEJIANG UNIVERSITY PRESS

浙江大学出版社

·杭州·

图书在版编目（CIP）数据

畲族体育 / 郭永红主编. -- 杭州 : 浙江大学出版社，2024.2

ISBN 978-7-308-24179-3

Ⅰ. ①畲… Ⅱ. ①郭… Ⅲ. ①畲族－民族形式体育－体育文化－研究－中国 Ⅳ. ①G852.9

中国国家版本馆CIP数据核字(2023)第170096号

畲族体育

SHEZU TIYU

郭永红　主编

责任编辑　陈丽勋
责任校对　朱　辉
封面设计　春天书装
出版发行　浙江大学出版社
（杭州市天目山路148号　　邮政编码　310007）
（网址：http：//www.zjupress.com）
排　　版　杭州林智广告有限公司
印　　刷　杭州高腾印务有限公司
开　　本　787mm×1092mm　1/16
印　　张　11.25
字　　数　240千
版 印 次　2024年2月第1版　2024年2月第1次印刷
书　　号　ISBN 978-7-308-24179-3
定　　价　36.00元

前　言

2022年，丽水学院畲族体育课程被立为浙江省一流课程，本教材作为该课程的配套教材，凝聚着相关教师多年的心血和努力。本教材是在几十年来对畲族传统体育的挖掘、研究整理的基础上，把畲族体育引入学校的教学，并将教学与训练相结合组建民族传统体育运动队所取得成绩的经验总结。

本教材充分利用丽水地区畲族传统文化的优势，把作为省市级非物质文化遗产项目的畲族体育编入教材，具有鲜明的地方民族体育特色，有助于传承、创新浙江优秀传统文化。本教材充分挖掘课程拥有的教学资源和基础，将畲族传统体育文化，以及畲族体育运动技术、器材的改革与创新融入教材编写中。本教材具有如下特点。

（1）坚持立德树人，融入课程思政理念，培根铸魂、启智增慧。本教材深入挖掘课程思政元素，旨在助推学生“享受乐趣、增强体质、健全人格、锻炼意志”，“提升高阶性、突出创新性、增强挑战度”。

（2）继承弘扬中华传统文化。党的二十大报告指出，要“传承中华优秀传统文化，满足人民日益增长的精神文化需求，巩固全党全国各族人民团结奋斗的共同思想基础，不断提升国家文化软实力和中华文化影响力”[①]。畲族体育属于我国的传统文化，具有丰富的文化内涵、民族精神。在二十

---

① 习近平. 高举中国特色社会主义伟大旗帜 为全面建设社会主义现代化国家而团结奋斗——在中国共产党第二十次全国代表大会上的报告[R]. 北京：人民出版社，2022：43.

大精神的指引下，本教材深入研究畲族体育的理论，挖掘畲族体育项目的内涵、文化价值，旨在传播、推广、传承、创新中华民族传统体育文化。

（3）融合创新，打造“教材 + 在线课程 + 资源”一体化新形态教材。在新时代背景下，“互联网 + 出版”使专业、课程、教材、资源呈现出一体化研发、一体化设计、一体化建设的新趋势。本教材梳理出相关课程的核心知识点，并科学、合理地整理成在线课程大纲。同时，在教材中设计拓展知识、精讲视频等资源，通过二维码关联，让教材“活”起来。

本教材是丽水学院教师教育学院民族教育团队成果，是浙江省普通本科高校“十四五”重点立项建设教材，是浙江省教师教育创新实验区建设项目“浙西南山区乡村小学教师培养创新实验区建设探索与实践”的成果，也是中国（丽水）两山研究院成果。教材在编写过程中，得到了丽水学院广大教师和领导的支持与帮助，在此表示感谢！由于编者编写水平有限，不足之处，敬请批评指正。

编者

2024年1月

目　录

第一章　民族传统体育概述

▶ **内容提要**

本章主要对相关概念进行阐述，分析民族传统体育与生产劳动、军事战争、健身娱乐、教育传承等的关系，梳理民族传统体育的分类和主要内容。

第一节　民族传统体育基本概念

民族传统体育概念是民族传统体育学科理论研究的一个重要的逻辑起点，也是该学科最为基本的问题之一。

一、民族与民族体育

“民族”一词使用非常广泛，但在不同场合，其所表达的含义有所不同。民族在广义上，泛指人们在历史上形成的、处于不同历史阶段的各种共同体，如原始民族、古代民族、近代民族、现代民族、土著民族等，甚至氏族、部落也可以包括在内。广义的民族可以指一个国家或一个地区的各民族总称，如中华民族、阿拉伯民族等。狭义的民族，指各个具体的民族共同体，如汉族、蒙古族、满族、回族、藏族等。

随着民族及民族文化的发展，民族体育也经历了形成、传播、融合等文化发展模式。一些民族体育运动由于受到特殊的地理环境、生产方式、民族习惯的限制而只能为其本民族所实践和接受。当然，也有一些民族体育运动经过人为的改造之后传播到其他民族。总之，民族体育作为一种具有独特的发生发展机制的文化类型，与在全世界范围内普遍流行的国际性体育有着极大差异，它具有古朴、自然、轻松、和谐以及生活气息浓厚、娱乐色彩浓郁等特点，是当今体育不可缺少的组成部分。

二、传统体育

传统体育是传统文化的组成部分，与传统社会同步形成和发展，内容宽泛、涵盖面大。随着时代的变迁，它或多或少地受到不同时代的影响，并顺应社会变革产生变化。中国千百年来的农业文化土壤滋养了中国传统体育。根植于农业社会的中国传统体育，是在中国特有的历史传统、文化心理和农耕经济的背景下产生的。

三、民族传统体育

1996 年，体育学被列为一级学科，这是我国当代体育科学体系建设的重要里程碑。1997 年，国务院学位委员会和国家教委在一级学科体育学下设体育人文社会学、运动人体科学、体育教育训练学、民族传统体育学四个二级学科。1998 年，国务院批准的民族传统体育专业方向包括武术、传统体育养生、民族民间体育。“民族传统体育”这一称谓，作为国家认定学科被正式确定下来。

有学者认为，民族传统体育是指近代以前的体育竞技娱乐活动。对于我国而言，指近代体育传入前我国存在的体育模式，即 1840 年前，我国各族人民已经采用并流传至今的体育活动内容、社会表现方式与价值观念的总和。中华民族是在我国各民族的几次大的迁徙过程中，不断融合而形成的。在共同缔造祖国疆域的过程中，56 个民族在政治、文化、生活方式等方面结成不可分离的血肉联系，为斑斓多姿而又各具特色的民族体育项目的产生与发展提供了社会基础。民族传统体育最根本的特征是民族性、传统性和体育性。我国民族传统体育内容丰富、形式多样，民族传统体育的发展成为学术界关注的问题，近年来对民族传统体育的研究日益得到重视。随着学科的进一步发展，建立一套完整的民族传统体育科学体系迫在眉睫。

四、少数民族传统体育

1986 年 9 月，在新疆举行的首届少数民族传统体育学术研讨会，对“少数民族传统体育”的定义提出了四种观点：①少数民族传统体育是各少数民族世代相传、具有民族特色的各种体育活动的总称；②少数民族传统体育是在古代体育的基础上延续下来的，因此是指近代体育以前我国各民族已有的体育活动；③凡是目前在一些民族地区仍在流传的具有民族特色的体育活动（包括自娱活动）都属于民族传统体育范畴；④少数民族传统体育是具有民族性、传统性、体育性的活动项目。

少数民族传统体育是人类社会生活的组成部分，也是滋养现代竞技项目的沃土。当今世界流行的形形色色的体育活动，刚开始时仅仅局限在某一地区的一个或少数几个民族中，最终为各国各民族所接受，成为全人类共有的体育文化财富。事实上，各具特色的少数民族传统体育，从它们的起源和发展及其丰富多彩的内容来看，与各民族的自然环境、生产特点、经济生活和风俗习惯有着密切的关系。因此可以认为，少数民族传统体育就是指长期流传在各少数民族中，具有各民族文化特色及强健体魄、娱乐身心作用的各种身体活动。

第二节　我国民族传统体育的起源

民族传统体育是一个内涵丰富、形式多样的文化体系。作为一种人类特有社会现象，它随着人类社会的出现而出现，随着人类社会的发展而发展，很难从最一般的意义上宏观地揭示其起源。如果从众多民族传统体育项目的各自源流出发进行归纳和总结，我们可以提炼出作为整体的我国民族传统体育起源的基本模式。

一、生产劳动

我国是传统的农业国家。生产劳动是人类为了满足自身生存而开展的第一活动。人们为了扩大适合居住的环境、改善生活质量，以坚忍不拔的毅力、聪明的智慧，不断向大自然进军。先民早期最基本的活动便是生产劳动。在与大自然较量的过程中，无论是南方民族还是北方民族，都有以不同形式克服自然难题的过程。也就是说，在制造并使用工具的过程中，在提高身体素质以利于生产劳动的过程中，在迁移劳动方式用于放松娱乐的过程中，许多民族传统体育活动自然地逐渐演化。

在以自然经济为主的农业社会中，人们满足生存需要的唯一手段是通过生产劳动向自然界索取生活资料。农耕、狩猎、畜牧等生产方式对民族传统体育的产生和发展产生了深远的意义。如狩猎是原始人的主要劳动方式之一，在狩猎所用的工具中，有用来缠住石球的飞石索，有弓箭，有投掷器，还有匕首，这些工具的使用技巧直接关系到先民狩猎的成果。因此，对这些工具的使用就成为先民经常习练的内容，为其后脱离劳动的相关体育活动打下了坚实的基础。在距今4.5万年的山西省峙峪遗址出土了一批用燧石制作而成的石镞，这是中国目前所发现的最早的箭头。它标志着当时的原始人已经开始使用远程射击武器，比此前的大弹弓又前进了一步。使用弓箭成为中国古代许多民族经久不衰的一项体育活动，礼射、射柳、射草狗、射鬼箭、骑射等不同形式的射箭方法及其背后的含义，逐渐被赋予了各民族自身的价值取向、审美情趣，从而成为一项富有浓郁民族特色的体育活动。

我国各民族的许多体育活动都与其早期的生产劳动保持着有机联系。赛马、马上拉力、斗牛、赛牦牛、斗鸡、斗羊等民族传统体育活动往往是从各民族的家畜家禽的驯化和在畜牧业的基础上衍生而来的。世居青藏高原的藏族、蒙古族、土族等民族，主要以养殖牦牛的畜牧业为经济基础，他们将游牧作为一种生产和生存方式，使游牧经济成为高原主要的经济类型。正是在这种游牧文化的影响下，他们创造出了具有鲜明的世界屋脊特色的游牧民族体育文化，如赛牦牛、赛马、马术、套马、骑马劈刀、射箭、藏跤、打布鲁、打响鞭等项目。龙舟竞渡由龙图腾而来，但龙舟运动也是在手工业和渔业的推动下发展而来的，因为龙舟的制作和划龙舟的技巧是手工业与渔业的直接产物。

当然，从生产劳动与民族传统体育的关系中还可以看出，多数民族传统体育活动还是各民族顺应自然的产物，是从人们生产劳动的核心活动和辅助活动中衍生出来的活动。民族传统体育是一个民族在特定的区域，在一定的生产资料和生活资料生产中所创造出来的物质体育文化。它涵盖生产、狩猎、渔业、商业、交通、服饰、饮食等方面，贯穿于人类生产实践活动的全过程。

二、军事战争

我国少数民族，无论是人口逾百万的民族，还是人口仅数千的民族，无不走过了一个从分散到独立、从战争到和平的历史发展过程。由于战争和体育对于人们身体素质、使用工具的技能乃至某些战术方面的要求具有高度雷同性，不少民族传统体育项目就是在军事和战争中孕育的。

从夏代到春秋战国时期，弓箭始终是战争中的主要武器。射箭成为主要的军事技艺之一，传授射箭技术、进行射箭训练成为十分重要的活动。传说夏时的后羿不但善射箭，而且善教射。到了西周时期，射箭被赋予了特殊的地位，发展迅速。对西周的成年男子来说，射箭不但是作战的必备手段，也是一种军事体育活动，具有敬德遵礼的性质，可用于进行道德方面的教育，也可用于维护奴隶主阶级的等级名分。

商周时期，车战是主要的作战方式，弓箭是车战中配备的主要兵器，射手是车战中的重要战士。要想在驰骋的战车上射得准而远，射手必须具有良好而扎实的基本功。射箭和骑射作为古代的军事体育项目，受到历代统治者和军事家的高度重视与大力推广。

春秋战国时期，为了适应战争的需要，还发明了射程远、杀伤力强的弩射。《战国策·韩策一》记载，韩国的强弓劲弩，皆射六百步外，“韩卒超足而射，百发不暇止；远者达胸，近者掩心”。由此可见，弩射是当时战争中有力的远射武器。

当今的马拉松运动，就是一项典型的由公元前 490 年希腊人反抗波斯的马拉松平原战役演化而来的。那个跑了 40 多千米向雅典市民报捷的勇士菲迪皮茨，以自己的勇敢和无畏赢得了人们的尊敬，并由此催生了这项锻炼和检验勇敢者的运动。

福建沿海地区的畲族、汉族经常进行的赛海马运动也是一项典型的由战争衍生出来的民族传统体育活动。这项活动的产生与明代抗倭名将戚继光颇有渊源。明嘉靖年间，倭寇入侵东南沿海时，常常在明军赶来前飞速逃走。戚继光召集能工巧匠，设计出了在海滩上快速滑行的“海马”，并挑选身体强壮的士兵练习驾驭“海马”的技术，后来多次击退倭寇。倭患消除以后，当地渔民便把“海马”作为运输工具，并在此基础上形成了赛海马运动。从此，“海马”演变成为一种军事训练工具和体育工具。“海马”亦称“滑溜板”（长约 1 米、宽 40 厘米的木板，木板前面竖两个木把），一人一板，一腿跪在“海马”上，一腿不停地在海滩上蹬，两手握住“海马”上的木把。“海马”本是畲族人的生产工具，用于海水退潮后在滩涂上“讨小海”。畲族人利用滑溜板“讨小海”时如同骏马奔驰，疾走如飞，十分灵活。这项运动虽然与当地的沿海环境相关，并且后来成为畲族年节中一项重要的娱乐体育活动，但它的流行其实与战争有更紧密的关联。

由于战争对于民族存亡至关重要，因此，对战争胜利起积极和关键作用的运动方式往往被迁移到日常生活中。它既代表着人们对和平的向往，也凝聚着各族人民的生活智慧。

三、健身娱乐

健身娱乐是人们从事体育活动的最基本、最直接的价值追求。正是出于各式各样的健身娱乐目的，各族人民也创造出不少对他们的身心有益的民族传统体育活动。与从生产劳动、宗教祭祀、军事战争中衍生而来的民族传统体育的模式相比，以健身娱乐为目的的民族传统体育活动更多的是人们的创造，它根植于民族生产和生活方式、风俗习惯、民族意识。

古代民间社群娱乐活动丰富多彩，广大民众依靠自己的聪明才智和勤劳的双手，创造出各种戏曲、杂技、舞蹈，以及丰富多彩的民族传统体育活动，以此丰富生活，增进身心健康。踢毽子是宋代市民喜爱的一项体育活动，当时的临安城有专门制作毽子的手艺人。明代《帝京景物略·卷二·春场》中出现了有关踢毽子的民谣：“杨柳儿活，抽陀螺；杨柳儿青，放空钟；杨柳儿死，踢毽子；杨柳发芽儿，打梭儿。”可见当时民间娱乐健身活动非常活跃。如蒙古族的“那达慕”（蒙古语“娱乐、游戏”的意思）大会，夏秋季节的草原，金风送爽，牛羊肥壮，牧民们喜庆丰收的季节到了。这时候他们开始酿制马奶酒，屠宰牛羊，缝制新衣，准备各种美味的食品，举办不同规模的“那达慕”，进行被称为“男儿三艺”的射箭、摔跤、赛马等传统体育活动比赛。“那达慕”，一般进行 5 ～ 7 天。牧民们身着崭新的民族服装，骑着马、赶着勒勒车，从四面八方汇集而来，在绿茵茵的草地上搭起毡帐，熬茶煮肉。整个草原炊烟袅袅，人欢马叫，一片欢腾。大量的民间体育游戏，如放风筝、荡秋千、抖空竹、跳皮筋、踢毽子等也是各民族出于自身的娱乐目的，借助一些外部自然条件，根据生产劳动成果或经验而创造出来的。这些活动有些是成年人的游戏。

多数儿童体育游戏出于健身娱乐目的而产生。由于儿童具有天生的好奇心、创造力和游戏欲，他们往往能够创造出一些内容新颖、形式活泼的体育游戏。我国各地的儿童大多喜欢玩“老鹰捉小鸡”的游戏，在激烈的“老鹰”和“小鸡”的较量中，儿童既能够获得娱乐，也能够达到健身的效果。台湾民间有一种儿童游戏叫“围虎陷”。游戏时众多儿童拉着手围成一个圆圈，一人充当“羊”站在圈里，另一人作为“虎”站在圈外。“虎”随时可以从圈外伸手抓“羊”或者冲进圈里抓“羊”。在“虎”要冲进圈里抓“羊”时，围成一圈的儿童要尽力阻拦“虎”进入圈中。“虎”四次抓住“羊”则说明圈里的“羊”已经被“虎”吃光，“虎”获得胜利。这是一种对动物生活的想象和模拟。新疆柯尔克孜族也有一种类似的体育游戏，叫“老鹰吃仙鹤”，广西仫佬族有“凤凰护蛋”的游戏，这些儿童游戏都是一种对现实生活的联想和创造。有些少年儿童的娱乐活动具有较强的普适性，成为各民族喜爱的传统体育活动。总之，这些儿童游戏往往是顺应和满足儿童的娱乐需求而被创造出来的，同时也具有良好的健身效果。

可以说，有多少种娱乐需求，就会有多少种满足这种需求的活动被创造出来。值得强调的是，并不是一切游戏都可以归入体育范畴。只有身体活动特色鲜明、身体活动能力影响游戏成效的活动，我们才称之为体育游戏。有着娱乐欲望的各民族百姓在对自然环境的利用和对生活经验的总结中，不断创造出满足其自身娱乐需求的身体活动类游戏，这些活动往往能达到较好的健身效果，因而我们称之为民族传统体育项目。

四、教育传承

教育是人类传承自身生活经验从而提高后代认识和实践能力的最主要方式。人类不仅仅需要在智慧上提高自身认识，更需要从根本上强健自身体魄，以保证后代的身心健康。就是在这种强有力的、持续的社会意识的推进下，民族传统体育项目成为人们繁衍后代和教育后人的重要手段。

在不同时代、不同国家、不同民族和不同阶层，人们在选择配偶时有不同的表现形式，形成了各具特色的文化样式。新疆哈萨克族和柯尔克孜族盛行的“姑娘追”是较为典型的一项具有繁衍后代和教育后人功能的民族传统体育项目。英国民族学家弗雷泽在其著作《金枝》中记载了有关 19 世纪晚期哈萨克族的姑娘追活动。弗雷泽把这项运动称为“爱的追逐”竞赛，将其视为青年男女缔结婚约的一种形式。在这类活动中，姑娘手持强韧的长鞭，骑上马向前飞奔，所有求婚的男青年骑马追逐，最先追上姑娘的男子就可赢得姑娘芳心。姑娘可以尽量加快速度不让他人赶上，也可以利用手中长鞭驱赶她不喜欢的追求者，当然，她也可以眷顾她心仪已久的恋人。我们可以推测，哈萨克族人选择这种方式来为青年女子择夫，其实具有繁衍后代和教育后人的本意。赛马优胜者往往是身强体壮的，这样的人和姑娘结婚能生育更强健的后代。如何使后代能够在以后更好地生存，这是游牧民族重点考虑的问题。这种择夫方式既给青年女子留有一定的余地，也对青年男子提出了较高要求。姑娘可以用鞭子驱赶自己不喜欢的男子，但如果起初受偏爱的男子身体条件和骑术实在不行，恐怕也很难最终得到姑娘的青睐。正是在这样的体育民俗的推动下，哈萨克族和柯尔克孜族保持了其彪悍的民风。

在我国，不少民族居住分散，他们的生活区域处于相对封闭的状态，男女之间的日常交往受到局限。为了填补现实生活中的这种缺憾，大规模的一年一度有关择偶的节日也就相继出现了。苗族青年的芦笙踩“花桥”（又叫芦笙踩堂）以舞蹈为主，当小伙子吹起芦笙、芒筒，绕场一周后，身穿百褶裙，戴着银项圈和银手镯，手舞多彩织锦带的姑娘们，跟在芦笙手的后面，伴着悠扬的笙乐翩翩起舞。动作古朴、粗犷、大方，富有节奏感。姑娘们边跳边观察小伙子的动作、表情，暗暗选择心中最喜爱的情人。当踩堂舞达到高潮时，姑娘们用自己绣织的锦带，一头系在自己爱慕的后生的腰带上，另一头拿在自己的手中。小伙子腰带上拴的锦带越多，说明他越有本事，赢得姑娘的爱慕越多。这种形式，有的地方叫“牵羊”，有的地方叫踩“花桥”，内容都是初恋的选择。我们不难发现，许多民族传统体育活动都与男女青年的社交有关，如藏族的采花节，苗族的花山节、姐妹节、跳月、芦笙踩堂，布依族的桃花会，壮族的抛绣球，瑶族的踏歌等，都是两性交往的上好活动项目。

第三节 民族传统体育的构成

有着明显地域性和浓郁民族传统文化色彩的民族传统体育，极大丰富了中华民族的文化宝库。根据1990年出版的《中华民族传统体育志》记载，我国55个少数民族有676个传统体育项目，汉族有301个民间传统体育项目。按照民族传统体育历史发展过程中所具有的共性，根据其性质、特点和作用进行分类，有利于我们更全面、准确地认识民族传统体育。

一、民族传统体育的分类

依据性质与作用进行分类，民族传统体育可分为竞技类、娱乐类和养生健身类。

（1）竞技类，是指按照竞赛规则规定的比赛场地、器械，以及其他特定的条件进行智力、体力、技术、战术等方面的竞赛，如武术、摔跤、木球、射弩、龙舟等（已被列为我国少数民族运动的正式比赛项目）。

（2）娱乐类，是指富有趣味性、轻松愉快的休闲类体育项目，如棋戏、冰雪戏、竹竿舞、秋千等。

（3）养生健身类，主要以养生保健、强健身体、康复和预防疾病为目的，如导引术、气功、太极拳等。

二、民族传统体育的主要内容

民族传统体育丰富多彩、各具特色。这里主要介绍武术、导引术、民间体育游戏和少数民族传统体育等。

（一）武术

武术起源于远古时期，那时人们以渔猎为生。人类是以群居的形式生活繁衍的，在确立自己在群体中的地位，以及争夺劳动果实、配偶、猎物的时候，都需要具有聪颖的智慧、健壮的体魄、矫捷的身手、善于搏斗的技法。具备了这些素质的人，往往能在群体中得到尊重，受到拥护。武术便是这样萌生的。人们把自己在实践中发现并掌握的搏斗方法进行反复演练，使之成为一种特殊的技能。他们又把这种技能传授给自己的子女、亲人和所信赖的人。这样世代积累、去粗取精、去伪存真的武术，在中华文化的影响下发展完善，逐渐形成了独特的技术体系。

武术是中华民族在长期的社会实践中不断积累和丰富起来的一项宝贵的文化遗产。作为中华民族传统体育文化的代表，武术是传统武术与传统文化的产物。传统武术是在广泛吸取了诸如古代哲学、兵学、中医学和导引养生学等学科领域的理论成果基础上而形成的，被称誉为“博大精深”的文化体系。传统武术发展成现代体育项目，其健身价值显得更为突出。即使是武术中的散手、太极推手这一类由两人直接进行身体对抗的项目，也需要练习者在规则的限制下掌握一些身体运动的技能和方法，以达到增强体质的目的。

1. 武术的概念

武术是以技击动作为主要内容，以套路和格斗为运动形式，注重内外兼修的中国传统体育项目。武术这个概念的形成，从来就没有脱离开它的本质属性，也就是它的技击性。在不同的历史时期，人们对武术的表述不同，但是武术的本质属性没有变。早期武术被称为“手搏”“白打”，这两种表述直接突出其搏斗、击打的特性；春秋战国时期，人们称之为“技击”，突出了技术的特性；汉代，人们称其为“武艺”“武功”，分别体现反映武术本质属性的技艺和功力；清初，人们又借用南朝《文选》中“偃闭武术”的“武术”一词；民国时期，人们将“中国武术”简称为“国术”；新中国成立后，人们沿用“武术”一词。

2. 武术运动的内容与分类

武术具有极其广泛的群众基础，深受各族人民喜爱，且各民族均有自己独特的风格和套路。它是以踢、打、摔、拿、击、刺等技击动作为主要内容，徒手或借助器械的身体运动，都是以中国传统技击方法为技术核心的。其特点一是“击”，二是“舞”。“击”就是“技击”，即从徒手搏斗的拳术发展为搏击敌人的武艺，在民间有根深蒂固的传统；“舞”就是“武舞”，即现在流行的套路形式，它与“技击”的搏击性不同，具有表演性。

武术运动按照功能分类，可分为竞技武术、健身武术、学校武术和实用武术。

武术运动按照运动形式分类，可分为套路运动和搏斗运动。套路运动是以技击为素材，根据攻守进退、动静疾徐、刚柔虚实等矛盾运动的变化编成的整套练习形式。套路按照演练形式又可分为单练、对练和集体演练三种类型。搏斗运动是两人在一定条件下，按照一定的规则进行斗智斗技的对抗实战形式。目前被列为竞赛项目的搏斗运动有散打、推手等。

（二）导引术（养生保健）

古代的康复体育运动称为导引，导引术是中国传统养生术和体疗方法之一。导引是一种以肢体活动为主，配合呼吸吐纳的运动方式。导，指宣导气血；引，本义是开弓，引申为伸展肢体之义。导引最大的特点是形、意、气三结合，即运动肢体身躯以练形，锻炼呼吸以练气，并且以意导气行。秦汉时，导引术有了很大的发展。《淮南子》一书中已有不少模仿动物养生练习的记载，其中除了“熊经”“鸟伸”，还提到了“凫浴”“猿躩”“鸱视”“虎顾”等，这六种名目即为后人所谓的“六禽戏”。1973年，湖南长沙马王堆三号西汉墓中出土了一幅《导引图》，其中彩绘有44幅不同人物动作的导引图像。这是迄今所发现的最早、最完整的古代导引图解。而大量模仿动物形态的仿生类导引，更是《导引图》中的一个主要内容，反映出中国古代体育尤其是养生体育仿生性的重要特征。如宋元才形成完整体系的八段锦、太极拳等，就是具有导引特点的康复体操。它将肢体运动、呼吸运动与自我按摩相结合，以强身健体、治疗疾病为主要目的。在几千年的发展过程中，导引术逐渐发展成为一个特点鲜明、博大精深的体育养生和医疗体系。直到今天，导引术仍对人类有着巨大的健身和治疗价值。

秦汉以后，在先秦阴阳五行哲学思想和精、气、神等原理的影响推动下，行气术已开始形成系统的体系。行气，又叫吐纳、服气、炼气、胎息等，是在意念指导下的一种呼吸锻炼。一种是以意守为主要特征，强调以守修性、以内气养形的“抱神导一”的行气术；另一种是重视循经络行气，以在一呼一吸中循环一次为特征的“周天行气法”。前者继承了庄子的行气术式，而后者则源于“行气铭”之术式，形成了中国传统养生体育中行气术式最初的两大体系。

行气功，是一种通过练气和练意，达到自我身心锻炼和强身健体的活动。其作用原理，主要是通过对人体生命活动的基本因素——精、气、神的锻炼，以增强人体生命活力和自然抗病力而达到防病、治病的目的。古代养生理论认为，孕育新生命的原始物质称为“精元之气”，因其是与生命体与生俱来的物质，故称为先天之气。保持先天之气的充盈，减少其外泄，就成为身体健康、延年益寿的前提。人体生命的产生是以阴精为基础，以阳气为护卫的。精充气足则神旺，精亏气虚则神衰。刘完素《素问玄机原病式》指出：“精中之气，气中生神。”张介宾《类经》说：“精全则气全，气全则神全。”古代气功家据此而逐步形成气功的基本思想：练精化气，练气化神，练神还虚。近代气功家综合气功的特点，将其概括为外练筋骨皮，内练精气神，形神并重。

远在春秋战国时期，老子《道德经》中就有“绵绵若存”“专气致柔”的记载。《庄子·刻意》也有“吹呴呼吸，吐故纳新，熊经鸟申，为寿而已矣。此道引之士，养形之人，彭祖寿考者之所好也”之语。这是呼吸、意守、运气功法的肇端。《内经》中有关“呼吸精气”“饵舌下津”“闭气不息”“独立守神”“净神不乱思”等语，皆指练气功的一些方法。

魏晋南北朝时期，人们从练功方法中进一步认识到了气功的治疗意义。如嵇康在《养生论》中说“导养得理，以尽性命”，可见他将气功应用于延年祛病方面。

隋唐时期重在应用导引、吐纳进行养生防病。隋代太医博士巢元方主编的《诸病源候论》一书，以养生导引方法为代表，总结了隋以前的气功疗法。唐代医药学家孙思邈在《千金要方》中指出，“和神导气之道，当得密室……正身偃卧，瞑目，闭气于胸膈，以鸿毛着鼻上而不动，经三百息，耳无所闻，目无所见，心无所思”。

宋代练功之术已臻具体化，后学者易于掌握。《圣济总录》载有“咽津”“服气”“导引”三种方法，用于气功锻炼。金元四大家无不通晓气功，刘完素《素向病机气宜保命集·摄生论》首重气功疗法，朱震亨《格致余论》主张“调息神态”，张从正《儒门事亲》将气功用于损伤诸疾的治疗上，李杲《兰室秘藏》主张“安心静坐，以养其气”，都为明代坐功法奠定了基础。

明清两朝是中国导引术发展成熟的时期，其地位和影响取代了服食、内丹等流派，成为中国养生文化发展的主流形式。这一时期注重静坐功夫，首推王阳明《传习录》和孙文胤《丹台玉案》。李时珍不但是中医药学巨匠，也是气功大家。他深明“内视”之妙，用此方法印证了“紫阳《八脉经》所载经脉，与医家之说不同”。另有曹元白的《保生秘要》、陈继儒的《养生肤语》、张介宾的《类经》等著作，都注重气功方法并重视精、气、神的康复。

以舒筋活络为主的中国古代传统的按摩养生术，经过魏晋南北朝时期的推广、普及，并随着医学的发展，至隋唐已达到了一定水平。隋唐两代的太医署中，均设有按摩博士或按摩科、按摩师等，反映了官方对按摩养生的重视。孙思邈是对这一时期按摩养生作出重要贡献的人物，他在《备急千金要方》《千金翼方》等书中，对老年保健按摩等作了较深入的研究。他创编了“老子按摩法”“天竺按摩法”等适合老年人的保健按摩导引术。这些按摩法，主要是肢体运动，可以说是颇有价值的健身操。“老子按摩法”发挥了中国古代传统导引方法的特点，而“天竺按摩法”则是在中国古代传统导引方法的基础上，吸取了印度的某些健身动作编制而成的。按摩术发展到明清已趋完善和系统化。

许多养生学家对古代的一些养生功法和书籍作了研究与整理。与行气、导引术式一样，按摩术也日益成为养生活动中的重要内容。太极拳从形式上来说，是属于武术的拳术，具有技击特色。但它吸取了导引、行气、按摩的特点，与武术的技击完美地结合在一起，充分地体现了中国古代养生体育的特色和发展方向。

（三）民间体育游戏

民间体育游戏是民族文化的重要组成部分，也是一笔丰富的文化遗产。很多传统体育游戏在民间还有大量的遗存，并被广泛流传和开展。然而，还有很大一部分传统体育游戏已被人们淡忘，有的甚至已经消失或濒临失传。游戏是游艺民俗中最常见、最普遍、最有趣的娱乐活动，主要流行于少年儿童中间和节日里成年人的娱乐节目之中。有些游戏项目在发展中逐渐完备，最后形成了竞技项目或杂技艺术。古往今来，我国各民族各地区的民间游戏活动犹如满天繁星，许多民间游戏活动在性质、方式及游戏者范围等诸方面存在着某些相同或相似之处。综观我国纷繁众多的民间游戏活动，可将它们分为儿童游戏、斗赛游戏、季节游戏、歌舞观赏游戏、杂艺游戏、智能游戏、驯化小动物游戏、助兴游戏和博戏等。

民间游戏与民间竞技如同一对从民间文化这一母体中孕育出来的同胞兄弟，它们之间存在着千丝万缕的联系。许多具体的民间游戏活动项目存在着程度不同的竞技特征，而民间竞技的许多活动项目也存在着不同的游戏特征。如我国古代的传统民间竞技活动踢毽子，早在1500年前的北魏时期就已经有了。宋代高承《事物纪原》指出了当时踢毽子的形式，也说明了踢毽子与蹴鞠活动的渊源关系。根据宋人周密《武林旧事》一书的记载，当时踢毽子的基本技巧有四种，即两脚向内侧交替的踢法“盘”、屈膝弹毽的“磕”、用脚外侧反踢的“拐”和用脚尖正踢的“蹦”。另外，踢毽子还有花样技巧比赛，常用肩、背、胸、腹、头等身体各部位与两脚配合，做出各种姿势，使毽子经久不落地，缠身绕腿，翻转自如。这种民间竞技活动也具备明显的游戏特征。首先，众人踢毽子竞技比赛的过程，就是一个边竞赛边玩耍的过程；其次，就是技巧欠佳的人踢毽子，也可以在踢的过程中获得许多乐趣。边竞赛边玩耍，兴趣盎然，其乐陶陶，这正是我国众多民间竞技游戏活动的基本特征。又如抽陀螺这一活动，在我国已有4000多年的历史，它本是一种用绳索抽打一个圆锥形玩具使之不停地在地面上旋转的游戏。后来，人们抽陀螺的技艺不断提高，逐渐使这项自娱性的游戏活动演变为竞技活动，直至演变成现代民族体育运动会中的打陀螺比赛。

传统的民间竞技活动与近现代形成的体育竞技活动之间存在差异。传统的民间竞技活动是玩耍与竞赛的结合体，即竞技的过程始终充满玩耍的乐趣；而近现代形成的体育竞技活动则是严肃认真的比赛，其中游戏玩耍的成分几乎没有。如我国古代盛行的竞技活动蹴鞠与近现代的足球比赛，两者之间有着直接的传承关系，但比赛的氛围是大不相同的。蹴鞠比赛的过程，时时显现出玩耍自娱的随意性特点，而现代足球比赛却不具有这种特点。

今天，以现代技术和现代生产方式为物质基础的全球化，在不同层面上衍生出一定的制度文化和精神文化。以竞技体育为主流的正规体育虽然仍旧是制约传统体育游戏发展的障碍，但欧洲及其他地方的传统体育和新生的民间游戏已经开始对竞技体育提出了挑战。在全球化的冲击下，各民族都从自身的需要出发，在适应文化全球化发展的基础上，力图使自身民族文化适应新时代的需要。这是一种值得注意的现象。

（四）少数民族传统体育

少数民族传统体育是各个少数民族在长期的历史发展进程中积累保存下来的，反映各民族意识和多方面活动的文化财富。它不仅是中华民族悠久历史的宝贵文化遗产，同时还与现代体育交相辉映，共同铸造了中华民族灿烂的文明。在我国，一般把除汉族以外的 55 个民族称为少数民族。几乎每一个少数民族，都有自身独特的传统体育活动。他们世代相传的体育活动，渗透着本民族的历史、宗教信仰和文学艺术，反映出各具特色的经济生活和风俗习惯，其折射出的各民族发展轨迹，具有不可低估的价值。

少数民族传统体育，一般指生活在特殊地域的人群世代传承的表现本民族文化特色的身体活动。少数民族传统体育项目，不仅体现了不同社会形态的遗痕（如珞巴族原始时代的弓箭），反映出不同的地域特点（如牧区的马术），也是一种表现各民族不同特征的形式（如藏族的赛牦牛）。从文化人类学的视角看，绚丽多彩的民族传统体育活动与种族繁衍、生产劳动有关，还有许多是带有军事性的身体活动。在我国民族地区的喜庆丰收、婚丧嫁娶及各种节日庆典等仪式中，民族传统体育仍然是不可缺少的内容，各种体育活动出现频率之高是其他文化所不能比拟的。如我国西南地区许多民族的丢包和秋千、瑶族的打陀螺、蒙古族的打布鲁、哈萨克族等民族的姑娘追、朝鲜族的跳板、回族的木球、傣族的跳草垛、苗族的拉鼓、高山族的竿球、赫哲族的叉草球、侗族的赛芦笙、羌族的推杆等体育项目，以其在民族文化体系中最具有代表性的文化特质，突出地再现了民族特色、民族心理和民族意识。

少数民族传统体育发展到今天，已经从传统的娱乐及文化附生物转变为具有独立特征的体育运动项目，其内涵更为丰富，外延得到了充分的扩展，体育的竞技性更为突出。从总的趋势看，其包含的原始宗教色彩逐渐淡薄，日益变得世俗化。只是那代代相沿的仪式使人们可以窥知其昔日所拥有的神圣色彩。年复一年、代代相传的那些特定身体活动，不仅是民族物质、精神和社会生活的重要组成部分，发挥着维系民族生存和团结的重要作用，而且逐渐内化为一种民族性格的象征。

在党和政府的关怀、支持下，我国少数民族传统体育活动蓬勃发展。改革开放以来，我国少数民族传统体育受到国家的高度重视，省级的民族传统体育运动会此起彼伏，全国性的民族传统体育运动会每四年举行一届，并逐步形成较正规的竞赛制度。民族运动会展示的是各民族精彩绝伦的传统体育精华、千姿百态的服饰服装和歌舞，人们从中可以感受到政通人和、安定团结的社会现状，领悟各民族互相交融、宛如一家的亲情。少数民族传统体育文化在历史演进中变得更加丰富多彩，在民族性、历史性、科学性、竞技性和娱乐性等方面得到了充分的挖掘。

▶思考与练习

1. 试述民族传统体育的起源。
2. 简述民族传统体育的内容构成。

本章思政元素

体育是社会发展和人类进步的重要标志，是综合国力和社会文明程度的重要体现。体育在提高人民身体素质和健康水平，促进人的全面发展，丰富人民精神文化生活，推动经济社会发展，激励全国各族人民追求卓越、突破自我等各方面，都起着不可替代的重要作用。民族体育从不同的角度和侧面，反映了各个民族的社会、历史、政治、经济、文化、风俗及心理等。民族体育是各民族传统文化的一个重要组成部分，也是中华民族灿烂文化中的一块瑰宝，在增强人民体质、促进民族团结、发展民族经济、提高民族自信心、丰富群众文化生活等方面有着不可低估的价值。

体育非物质文化遗产，不仅是体育文化的重要组成部分，也是非物质文化遗产中的一类重要表现形式。它是在漫长的历史中创造和积淀下来的传统体育文化资源，充分体现了人类共有的体育文化价值观念和审美理想。民族传统体育有许多是非物质文化遗产。习近平总书记指出："要让更多文物和文化遗产活起来，营造传承中华文明的浓厚社会氛围。积极推进文物保护利用和文化遗产保护传承，传播更多承载中华文化、中国精神的价值符号和文化产品。各级领导干部都要敬畏历史、敬畏优秀传统文化，重视文物保护利用和文化遗产保护传承工作。要教育引导群众特别是青少年更好认识和认同中华文明，增强做中国人的志气、骨气、底气。"①

① 习近平. 把中国文明历史研究引向深入 增强历史自觉坚定文化自信[J]. 求是，2022（14）：8.

第二章　民族传统体育的发展

▸ 内容提要

本章主要是对民族传统体育的特点和价值功能进行梳理，从多方面分析我国民族传统体育的繁荣和少数民族传统体育的发展。

第一节　民族传统体育的特点

中国是一个统一的多民族国家。全国有 56 个民族，统称中华民族。中华民族有着五千年沿承不绝的文明。由于时代的不同，地理环境、节令活动的差异，社会历史进程的快慢，加之自身文化背景和心理素质的影响，各民族间的传统体育有着较大的文化差异。不论其产生、发展、演变，还是它的组织形式、活动方法，都有自身的特点。各民族创造不同类型、不同模式的民族特色体育，使民族传统体育有了不同的特点和价值。

一、民族性

在人类文明的演进中，世界上不同国家与民族创造了各具特色的文化，一个民族的文化特质，是这个民族在特定的文化背景下经过长期的社会实践而创造积淀形成的。我国民族传统体育是各民族在长期的生产实践和社会活动中创造出来的，带有鲜明的民族烙印。任何一项民族传统体育都与本民族所处的地理环境及其生产生活方式、价值观念、习俗文化等有着千丝万缕的关系。共同生存在中华大地上的各民族造就了中国近千项民族民间体育项目，而且各具民族特色。如苗族的跳月和芦笙会，气氛是热烈的，但与蒙古族的“那达慕”大会、哈萨克族的“弹唱会”、侗族的“赶坳盛会”从风格到内容完全不同。另外，就体育本身而言，即使是同一项目，在不同民族、不同地区，其活动形式也各有差异，有的甚至相去甚远。如舞龙，侗族舞龙头，瑶族舞人龙，景颇族舞蛇龙，阿昌族要象龙，而土家族却舞草把龙、板凳龙。这是因为不同民族的生活土壤、历史文化、民族气质各不相同。从这个意义上说，任何民俗都是民族的，没有超民族的民俗。

各民族在发展中形成了独特的文化传统，其中就包括民族传统体育，这种体育文化世代影响着该民族群体及其每个成员，而一个民族群体又凭借这种文化传统紧紧凝聚在一起。不同的民族创造了拥有不同特点与传统的体育文化，不同特点与传统的体育文化又塑造了不同的民族特征。可见，民族传统体育与民族有着不可分离性。

二、地域性

我国地域辽阔，少数民族的居住区域，从寒冷的大兴安岭到亚热带的海南岛，从东北呼伦贝尔辽阔的草原到西南遮天蔽日的原始森林，从西部天山的草场到东部渔猎的沿海……不同的居住环境、不同的气候环境、不同的生产方式，培育了不同的民族气质和民俗生活。由于所处的地理环境，以及由地理环境而带来的自然条件的不同，各民族都在自己的文化背景之下，形成了独具地方特色的民族传统体育活动，这就是民族传统体育的又一特点——地域性。

气候寒冷的东北地区居住着汉族、满族、蒙古族、赫哲族、鄂温克族、鄂伦春族、朝鲜族、锡伯族、达斡尔族等民族。他们擅长滑冰，把滑冰和武术、杂技、射箭、球类结合起来称为“冰嬉”。清军入关后，将冰嬉带进北京。清乾隆年间《冰嬉图》描绘了当时冰上表演的盛况。清朝时期，每年的冬月举行冰嬉，在今天北京的北海和中南海进行表演。从各地挑选的“善走冰”能手 1600 多人分别代表八旗，场面十分壮观，表演者做着各种动作，有花样滑冰、杂技、武术，还有溜冰射箭等，表演精彩纷呈。在山地与丘陵之间，流淌着黑龙江、漠河、松花江、嫩江、辽河等著名河流，在河流经过之地，地势平缓，原野肥沃，形成松嫩平原和三江平原。生息繁衍在这块土地上的各族人民，充分利用自然界赐予的这片土地，在生产实践中逐渐形成具有自己典型特色的各种民族传统体育活动。如蒙古族的摔跤、射箭、赛马、赛骆驼、打布鲁；朝鲜族的秋千、跳板；达斡尔族的波依阔（曲棍球）、颈力；鄂温克族的滑雪；鄂伦春族的射击、皮爬犁等。

著名的呼伦贝尔、锡林郭勒等草原，塔克拉玛干沙漠，以及喜马拉雅山、天山、阿尔泰山、大青山等山脉，是汉族、蒙古族、维吾尔族、藏族、回族、哈萨克族等民族世代生活的地方。除汉族外，大部分属于游牧民族。他们驰骋在万里边疆，形成了剽悍勇猛、开朗豪放的民族性格。马匹、骆驼和牦牛，成为他们日常生活中必不可少的生产和生活工具。正因为生活在这种特殊的地理环境中，他们形成了区别于其他民族的，带有浓郁高原游牧民族特色的各种体育活动。这些活动大部分与他们赖以生存的地理环境有关，如蒙古族的赛马、套马、跳马、马术、赛骆驼，藏族的登山、赛牦牛、赛马射箭，维吾尔族的赛马、叼羊、骑射等，柯尔克孜族的赛走马、姑娘追、跑马拾银、骑马摔跤和骑马拔河等。宽广的草原、浩瀚的沙漠及耸入云天的高山，为他们提供了广阔的活动场所。

土壤肥沃、雨量充沛、山川秀美的黄河及长江流域，气候温和、湖泊纵横、水源充足，地理条件十分优越。河渠纵横交织，湖泊星罗棋布，构成独特的水乡特色。依水而居的各族人民常年生活在水的世界里，水是他们赖以生存的基础，无论是在生产劳动中，还是在他们的衣食住行中，处处都能见到水的影子。这个地区各民族所进行的体育活动，也以水上运动见长。传统的体育项目除众所周知的龙舟竞渡、游泳、跳水、垂钓外，还有瑶族和土家族的独木划水，居住在湖北长阳一带的土家族的潜水游戏，黄河岸畔东乡族的赛羊皮筏等。

既有高原又有峡谷，既有四面环山的盆地又有咆哮奔腾的河流的中南和西南地区，居住着苗族、汉族、彝族、藏族、羌族、土家族、壮族、布依族、侗族、瑶族、纳西族、景颇族等民族。例如怒族、独龙族生活的云南怒江流域，直到20世纪70年代初才通公路。过去这里崇山峻岭，陡峭千仞，河流湍急，一泻千里，道路崎岖，交通极不便利。迫于生计，人人必须具备爬山、涉水、过溜索的技能。对于其他民族来说，过溜索要有胆量、体魄、耐力和技巧，但对怒族和独龙族来说，这仅仅是一项简单的生存技能，他们用几股竹篾扭成一根拳头大的索，横拉在怒江之上，架起一座索桥。人用溜板挂在索上，再把溜板上的绳子捆在腰上，顺势横过怒江。每年的街天节，怒族青年都要举行过溜索比赛，赛手们在索桥上表演各种动作，施展各种手段，你追我赶，十分精彩。这种惊险的运动项目是怒族独有的，表现出了很强的地域性。在整个中南和西南地区，人们开展的各项体育活动中，有许多项目或直接或间接来源于这里特殊的地理环境，如苗族的爬竿坡，畲族的赶野猪、登山、赛海马、打尺寸，瑶族、黎族、彝族、苗族、傣族等民族的射弩，布依族的玩山，瑶族的毛莱球，土家族的打飞棒，怒族的跳竹、滑草，哈尼族的磨秋、爬树追逐，黎族的跳竹竿，佤族的爬竿，等等。

三、传承性

民族传统体育的形成和发展，不可能游离于历史长河之外，人们考察它的源头、流势和趋向，从而发现它流传和继承的时空痕迹。从产生之时起，民族传统体育能穿越历史隧道，绵延流传至今，就是得益于传统的力量。因为任何文化一旦形成，就会具有自身的活动规律和惯性，并在历史的发展过程中表现出顽强的传承性。正是这种传承性，使得许多民族传统体育活动自古相传，代代沿袭。如春秋战国以前我国不少地区已盛行的舞龙活动，春秋时代开始流行于民间的秋千活动和原始社会开始的射箭活动等，至今依然流行。因此，传承性是民族传统体育最鲜明的基本特征之一。民族传统体育的传承应该包括两个部分，即物质文化传承和非物质文化传承。物质层面的传承有武术的器械、兵器、龙舟等，非物质层面的传承是通过口传身授的方式完成的，如身体动态的肢体符号传承，有武术套路、拳种流派等。民族传统体育传承的方式主要有群体传承、师徒传承、社会传承等。

民族传统体育具备各民族自身特有的文化特征，这些文化特征是民族传统体育得以顺利传承的一个基本要素。传承性是传统节日文化中最重要的一个特征，不少民族传统体育之所以能在传统节日中稳定传承，是因为两者有着许多文化上的吻合。民族传统体育的传承性，是维系民族传统体育生存与发展的生命线。

四、文化性

文化是区分民族的重要标志。一个民族形成自己特有的文化，这些相对稳定且具有特点的文化，都会毫无例外地体现在民族这个共同体的成员的实际生活中，体现在他们的思维方式和行为方式上，体现在他们所创造的物质产品和精神产品上。与此同时，这些具有特点的文化，还会以各种方式在这个民族中流传下去，世代相继产生影响，从而形成本民族的文化传统，于是文化特点和文化传统，便成为区分不同民族的重要标志。民族传统体育文化具有浓郁的民族风格和地方特色，它是在漫长的历史长河中自然形成的，其活动源远流长，其文化具有鲜明的传承性、地域性、群众性和变异性。在中国文化传统中，人们称自己为“龙的传人”，称自己的文化为“龙的文化”。不管是冰天雪地的北国还是森林密布、沟壑纵横的西南边陲，从广袤无垠的北部草原到稻米飘香的江南水乡，每逢喜庆之时都要开展舞龙活动，以增加节日欢快之气氛，甚至连旅居海外的华人在喜庆节日时，舞龙也是一项不可缺少的活动。不同地区、不同民族在喜庆节日尤其是年节中开展舞龙活动，为中华民族文化的共同特征提供了一个有力的证明。

我国是一个统一的多民族国家，不仅物源丰沛、历史悠久，而且也是世界上民族民间体育、节日文化活动最多的国家之一。由于各民族赖以生存的自然环境不同，以及生产、生活方式存在差异，我国的民族传统体育活动绚丽多姿、丰富多彩。像农历四月，云南大理白族有蝴蝶会，青年男女在节日这一天一同观赏蝴蝶、对歌谈情说爱；农历五月，苗族有龙船节，苗家兄弟姐妹家家坐船串寨、走亲访友、斗牛对歌等等；农历六月，在内蒙古的大草原，蒙古族有“那达慕”大会，蒙古族兄弟在节日这一天进行摔跤、赛马、射箭及物资交流等活动。正是中国传统文化的渗透和影响，才使我国民族传统体育形成了与当代西方竞技体育完全不同的体育思想和方法。

五、娱乐性

中国的多民族性既贯穿于整个中华文化中，又体现在以强身健体为目的的表演性、娱乐性项目居多的民间社群娱乐活动上。古代民间社群娱乐活动丰富多彩，广大民众依靠自己的聪明才智和勤劳的双手，创造出各种戏曲、杂技、舞蹈，以及丰富多彩的民俗民间体育，以此丰富生活，增进身心健康。这种轻松愉快的民间娱乐体育活动，相沿成习，并且约定成俗，进而发展成为传统年节中的重要活动内容。与民族、民间娱乐活动有关的传统节日，在各民族传统年节中占有相当的数量。常见的有蒙古族的“那达慕”大会，布依族的“查白歌节”，藏族的“沐浴节”，苗族的“爬坡节”“龙船节”“赶秋节”“闹鱼节”，彝族、白族、纳西族的“火把节”，侗族的“赶歌会”“花炮节”，白族的“三月街”“鱼潭会”，傣族的“泼水节”，傈僳族的“刀杆节”，瑶族的“铜鼓节”，土族的“七月会”，京族的“唱哈节”，哈萨克族的“阿肯弹唱会”，壮族的“陇端节”，景颇族的“目瑙纵歌盛会”等。这些风格淳朴、具有浓郁民族特色的民间体育活动受到各民族的欢迎，也是发展民族传统体育的重要载体。

从总的方面来说，每一项民族传统体育都是在争取生存、增强体质、促进健康、陶冶情操、娱乐身心、祈求平安的价值取向下进行的。各地区、各民族开展的传统体育项目，有赛龙舟、摔跤、斗牛、赛马、登高、抢花炮、秋千、东巴跳、叼羊、姑娘追、跳竹竿、踢毽子、跳火绳、背篓球、赛牦牛、舞花棍、跳秧歌、拔腰、波依阔等。在活动中，参与者要承受一定的生理负荷，这就促进了体能的发展，增强了体质，同时这些活动可使人精神饱满、情绪愉快，尽情地展现自己的体能、技能，满足心理上的需求，从而丰富人们的社会文化生活，陶冶参与者的情操，培养和激发参与者的体育爱好与兴趣，美化人们的生活。这些功能构成民族传统体育得以产生和发展的基本动力源泉。

第二节　我国民族传统体育的价值

民族传统体育具有多元的价值属性，以及博大宏阔的内容和精深的文化内涵，它几乎能够满足人们各个层次的价值需求。在其漫长的演进过程中，人们对其的认识不断拓展，对其价值的开发也日益深广。民族传统体育价值包含的层面较广，内容较多。从实践者自身需求和社会需求考虑，我们应该更多地从价值追求的维度出发，从个体价值和社会价值的视角来阐述我国民族传统体育的价值。

一、民族传统体育的个体价值

（一）健身价值

民族传统体育更多地表现出以健身为目的的原始的体育文化元素。强身健体是先民们从事各类活动的基本追求。在中国，人们在长期的生产劳动和生活中积累了大量的健身养生的理论与实践经验，形成了不同于西方的健康观和运动观。我国民族传统体育受到传统医学的影响，形成了以阴阳五行、脏腑经络、精气神等为理论基础的健身体系。许多项目中都蕴涵着自然质朴的健身机理。

历史上，从事畜牧业的许多少数民族，如哈萨克族、蒙古族、塔吉克族等，经常需要在狩猎活动中培养使用马匹的能力，牧民们在日常的狩猎活动中练就了高超的骑术，后来又衍生出赛马、叼羊、骑射、马球、姑娘追等相关的民族传统体育项目。虽然这些项目并不一定是以健身为主要目的，但或多或少具有健身价值。如姑娘追最初的含义就是强壮的男性有获得配偶的优先权，也具有生育健康后代的基本条件，因此这个项目表面上是择偶，但其背后可挖掘出明显的健身价值。以小农经济为主的少数民族，如苗族、彝族、侗族，更多地需要使用牛的能力，因此衍生出了许多类型的斗牛习俗和赛牛活动，这些活动也具有较明显的健身追求。至于南方丛林中的少数民族猎手，则经常使用弓弩进行狩猎，还有从生产劳动中衍生出的推杆等活动。这些活动或直接或间接地具有健身价值。如羌族的推杆活动、瑶族的扭棍子游戏、四川甘孜一带藏族的格吞都是较量全身或身体不同部位力量的活动，对参与者的体质尤其是力量具有很高的要求，这无疑体现了这些民族生产劳动中需要的力量向民族传统体育项目价值的转移。

我国民族传统体育的本质精神是关注审美性、共娱性、参与性，不重竞技、不重胜负，无论输赢，都被看作对人生的磨砺、对生活的热爱、对人格完善的促进。我国民族传统体育文化体现了以和为贵的和谐原则，和先人后己、先社会后个人的集体主义，重视人伦的责任意识，天人合一的生态观念，以及与自然环境的协调和与日常生活的均衡。随着后工业时代的到来，在现代“文明病”频发、日常生活中的身体活动越来越少的背景下，追求身体素质的改善将成为现代人的主动选择，而具有独特的健身功能的民族传统体育将在满足人们健身需求方面发挥更大的作用，其健身价值将得到更加深入的开发。民族传统体育在缓解人类精神紧张、抵御现代“文明病”、维护人类固有的相对稳定的生理功能和增进健康方面，具有深远的价值。

（二）娱乐价值

我国民族传统体育项目繁多，饶有趣味，对人的吸引力极强。人们通过参加传统的民族、民间体育活动，特别是那些自己擅长的项目，可以获得一种非常微妙的快感，满足自身成就的需要和尊重的需要，使工作和劳动所带来的神经紧张、脑力疲劳及情绪紊乱得到有益的调节和放松。很多民族传统体育活动具有明显的娱乐价值。历史悠久、流传广泛的扭秧歌就是其中的一个典型。它是在插秧等农业劳动的过程中产生出来的一种舞蹈和体育兼而有之的活动。清朝李调元在《南越笔记》中描述秧歌的早期形态时说：“农者每春时，妇子以数十计，往田插秧。一老椎大鼓，鼓声一通，群歌竞作，弥日不绝，谓之秧歌。”湖南《晃州厅志》记载：“农人连袂步于田中，以趾代锄，且行且拨。塍间（田埂上）击鼓为节，疾徐前却，颇以为戏。”这些早期的记载说明秧歌最初是一种自娱性的活动。到了清代，秧歌在我国广泛流行开来，并且与各地的民俗风情相结合，产生了一系列新的样式和风格。如陕北秧歌豪迈矫健，东北秧歌欢快红火，河北秧歌健朗风趣，山东秧歌奔放有力。又如古代的高跷活动，多与旱船、跑驴、舞龙、秧歌等表演活动结合在一起组成“社火”，在春节或其他节日里走街表演，有的地区将高跷和秧歌相结合而成为颇负盛名的高跷秧歌舞。人们尽情地从秧歌、高跷活动中享受体育娱乐的快乐。还有一些后来向杂技等过渡的民族传统体育项目也具有鲜明的自娱性。踢毽子、冰嬉、荡秋千、跷跷板、抖空竹、跳橡皮筋等活动都是具有很强娱乐价值的体育活动。

总之，许多民族传统体育活动项目从产生的那一刻起，就在逻辑上具有从必要的劳动和生活中摆脱出来，追求娱乐价值的取向。随着人们娱乐欲望的不断迸发，娱乐性最终发展成为民族传统体育最鲜明的个体价值之一。民族传统体育“难、新、美、高”的运动技艺，“健、力、美”和谐统一的表演，以及体现为诗的韵律和尽善尽美的艺术造型，往往给人一种无与伦比的美的享受。它陶冶人们的情操，满足人们的精神需要，对人们的心理状态起着积极的调节作用，唤起人们对社会的感情，达到个体心理与社会心理平衡的效果。现代社会物质文明的高度发展更使得娱乐成为人们缓解紧张生活的追求。人们不仅直接参与娱乐性强的体育活动，而且从观看运动竞赛和表演中获得身心娱乐。许多少数民族传统体育项目因为强烈的娱乐性而得到广泛传播，我国少数民族运动会上的众多项目也体现出这个鲜明的特点，自娱性越强的项目越受到人们的欢迎。

（三）竞技价值

竞争为社会发展带来了根本性的巨大动力。竞争越多，竞争体制越完善，发展速度越惊人。参加民族传统体育活动，能培养人的竞争意识。民族传统体育往往是在相互竞争和较量的氛围中发展起来的，参与这些运动的人也常常通过与他人的竞争和较量来检验自身的水平。民族传统体育所需要的一切能力，如力量、耐力、平衡、柔韧、灵敏等，几乎都存在着竞技，甚至许多活动离开了竞技便失去了发展的基本动力。龙舟竞渡就是一种典型的集体对抗的民族传统体育活动，一个“竞”字凸显了这项活动的竞争性。为了有效地促进竞争，这项活动的形式也格外有针对性。清朝徐家干在其著述的《苗疆闻见录》中专门提及“好斗龙舟”。一支苗族的龙舟队伍常常由鼓头、锣手和鼓手组成。鼓头是总指挥，是全寨选出来的最有声望的人。锣手由十几岁的孩子担任。水手共38人，由寨子里最彪悍的小伙子担任。比赛时，铳炮三声响后，几十艘身披红绸绿缎的龙舟就飞速冲出，奋勇争先，其激烈竞争的场面激动人心，表明龙舟运动是一项赛体力、比技术、显勇敢的体育活动。侧重于实力而又具有对抗性的龙舟竞渡、赛马、打布鲁、射箭、劲力拔河、摔跤斗力等项目，能“煽”起参与者竞争的热情，去追求更快、更高、更强。各族人民通过对民族传统体育的参与和实践，不仅有效改善了自身的身体素质，更树立起勇敢、自信的人生态度，以及建立敢于接受挑战、勇于竞争的精神风貌。还有很多民族传统体育活动虽然不是同场的直接对抗，但竞技的意味十分深广，如风筝、秋千就是其中的典型。现在许多少数民族传统体育项目经过整理、科学规范、制定比赛规则，如龙舟、秋千、花炮、珍珠球、木球、毽球、蹴球、射弩、陀螺、押加、民族式摔跤、高脚竞速、板鞋竞速、少数民族武术、民族马术等具有显著竞技价值的民族传统体育活动，已成为全国少数民族传统体育运动会的竞赛项目。

在当今社会，世界各国都在进行政治、经济、科技等各个领域的竞争。竞技运动由于具备强烈的竞技性、公开公正性及直观性等特点，能充分发挥和检验人的多方面能力，这种优胜劣汰的竞争活动越来越被世界各国看成人类竞争的重要象征。民族传统体育项目的鲜明竞争性，可以满足人们相互较量和比试的心理需求，其竞技价值受到越来越多参与者的重视。尤其是竞技性强烈的运动竞赛，往往成为各国体育文化交流的重要内容，民族传统体育的竞技价值在国际体育文化交流中也将具有越来越重要的地位。

二、民族传统体育的社会价值

民族传统体育与整个社会紧密相联，对经济、政治、文化均产生重要影响。由于它独特的亲和力、渗透力、辐射力，社会组织机构与制度往往会利用其来达成各种目标，使其顺应和满足社会经济、政治、文化的既定规则，在经济、政治、文化等具体活动的实施过程中实现其社会价值。

（一）经济价值

体育产业是满足人们身心素质需求，以体育劳务和非实物形态提供体育产品的生产和经营活动的一项新兴产业。当前广泛兴起的各种体育消费，如休闲娱乐体育消费、保健康复体育消费等，以及竞技体育的商业化运作，使得体育产业的发展不仅能满足人们的体育需求，而且能促进体育自身的发展；不仅能取得体育的经济价值，而且能推动相关产业的发展，为国民经济的发展作出贡献。民族传统体育有着深厚的文化积淀，已成为我国体育产业化中最具有发展潜力的内容之一。

20 世纪 80 年代后期以来，一些逐步走向国际化的我国民族传统体育项目也在大力拓展各自的活动空间，不时举办一些中外人士共同参与的传统体育活动，如龙舟比赛、国际风筝节、太极拳大会等。众多人士参与活动，并饶有兴趣地购买与民族传统体育相关的各种器材设备、服装及文化产品，一定程度上推动了民族传统体育的产业化。参与各项民族传统体育活动所需要的专门服装、器材和设备都要有一定的物质支撑，各类民族传统体育活动的开展都需要人力、物力、财力的支持和辅助，民族传统体育活动所创造出来的观赏效应和愉悦效果可以支持其作为产业来开发。可以说，民族传统体育活动的广泛开展所带来的大量关注人群，是民族传统体育的经济价值得以发挥的社会基础。对外，它以其神秘的样式和新奇的感受吸引人；对内，它以惯常的形式、亲和的感受感染人。无论是参与者还是观赏者，都有可能从中获得无可替代的乐趣。正是借助这样的关注度、参与面、辐射力，民族传统体育活动的组织者可以进行商业开发，获得显著的经济效应，进而带动村寨乃至整个地区和民族的经济发展。至于各民族参与其他民族的传统体育节日活动，也聚合了大量的人流、物流和资金流，成为拉动地方经济增长的重要因素。

随着时代的发展和社会的进步，随着全球经济一体化、社会综合化、政治多极化的发展，随着人类对内在精神实质和自我生命质量的追求，民族传统体育将越来越凸显其在人类社会经济、生活中的重要地位和价值。

（二）政治价值

民族传统体育是各民族中普遍流行的，能够满足人们健身、娱乐等需求的社会文化活动，具有广泛的社会功能和鲜明的时代内涵，起着振奋民族精神、唤醒民族意识、维系民族情感、增强民族凝聚力的显著作用。民族传统体育文化的聚合、凝结功能是比较稳定的。正是它的普遍性、亲和性、地域性、民族性等特点，造就了它对民族内部认同乃至对国家、社会和谐的价值。

民族认同感是在团体内部的相互依赖和相近的价值观念、伦理道德、审美情趣的基础上形成的，它是民族内部成员对本民族的自豪感和亲近感。民族内部的凝聚力是通过民族内部成员共同的思维方式、价值观念、生活习惯、行为方式等实现的。民族传统体育文化所具备的这种文化聚合功能，是其他文化领域很少或很难具备的。体育活动鲜明的身体表征属性、参与者接触的频繁性、对情感意志体现的直观性等特点，使得参与民族传统体育活动的人们很容易进行情感的交流、思想的交锋、意志的考验，从而不断增进相互了解和理解，达到增强民族认同感的显著效果。在民间广泛流行的、有众多人参与的民族传统体育活动，有力地促进着民族文化的认同。如舞龙、拔河、放风筝、踩高跷、秧歌等活动往往参与者和观赏者众多，场面热闹，为人们之间的相互接触与交流创造了良好条件，从而培养各族人民的自豪感和自信心，促进人们群体意识和团队意识的加强。又如著名的蒙古族“那达慕”大会就是一种培养民族认同感极为有效的群众性集会，其中的三项竞技使得参与者和观赏者都能尽情愉悦。

有很多与神话传说或民间图腾密切相关的民族传统体育项目就是民族认同的最好媒介。龙舟竞渡就是在龙图腾崇拜的基础上产生的，后来因为纪念伍子胥或屈原的关系而在各民族间普遍流行开来。直到今天，端午节的龙舟竞渡依然是中国各民族普遍开展的一项民族传统体育活动。这项运动的流行，无疑与这两位历史人物的道德品行密切相关。人们就是在这种历史杰出人物的精神感召下而热衷于龙舟竞渡的。中华民族的认同也在这个过程中得到体现。当我们区分自身与外国人时，龙舟竞渡就是我们常常摆出来的证据之一，它已成为实现中华民族认同的重要媒介。有了这种伟大精神的凝聚作用，中华儿女在思想认识、价值取向上达到一致，从而实现行动步调上的一致。思想认同、价值取向、行动步调上的一致，意味着民族内部、民族与民族之间团结的实现，加深了各族人民对本民族历史和文化的理解，潜移默化地传导积极进取、团结奋进的精神，最终促进民族内部和各民族之间的认同感。

（三）文化价值

民族文化是指在共同生活于一定自然环境和经济区域的基础上，以共同的语言文字、生活方式、衣着特色、风俗习惯、价值观念、心理情怀、精神状态、风土人情为特点，形成具有鲜明民族特性和民族风格的文化。民族文化是维系民族团结和凝聚的纽带，是促进民族经济发展和民族进步的思想保证，也是民族生存和发展的精神载体。在早期人类狩猎技术的交流与传授、劳动经验的积淀传承以及生活习惯的承继与遵循等活动中，身体活动能力的培养往往是核心，它是构成早期人类教育的最为基本的组成部分。民族传统体育作为一种具有深刻的历史内涵和丰富的活动内容的文化类型，在儿童启蒙、劳动教育、道德修养和审美情趣的培养等方面都发挥着不可替代的作用。

中国武术就是一种典型的将道德和审美作为重要文化内涵的民族传统体育。在武术的整个文化体系中，惩恶扬善、锄强扶弱、重气轻生、已诺必诚、尊师重道、孝悌为先、救厄济困等始终是广泛推崇的道德标尺——武德。武德是每一位习武者的精神航船。万籁声在《武术汇宗》一书中专门列举了少林寺传授门徒的“十二条规”“十不许”及门徒进堂的“十愿”，这些条规体现在戒色、戒财、戒恶、助弱、尊师、谦让等六个方面。陆草先生在《中国武术》一书中将武林的道德规范归纳为五个方面：谦和忍让、立身正直、见义勇为、尊师重道、武林义气。可以说，这些道德规范是习武者相当重要的行为准则，体现出传统武术对于整个社会道德水准的建构所具有的独特作用。通过武术的推广和大量武侠小说、武术影视在民众中的普遍流行，这些与传统武术水乳交融的道德准则也逐渐在整个社会扎根，从而使武术精神得以承传。

民族传统体育作为动态的历史活化石可以弥补正史典籍的不足。我们必须深刻认识到民族传统体育的文化传承价值，充分挖掘、保护原生态的民族传统体育，使民族文化得以传承。

第三节　我国民族传统体育的繁荣和发展

我国民族传统体育作为中华优秀传统文化的重要组成部分，是中国人长期身体实践的不断积累和总结，其生产与发展也必然受到中国传统文化的直接影响，从而形成了独具中华民族特色的体育活动。56个民族组成的中华民族大家庭，各民族之间虽有不同的语言、文字，有不同的生活方式和风俗习惯，但在政治、经济、文化关系方面结合紧密，各族人民互利互助、辛勤劳动，共同开发了富饶的中国土地，创造了灿烂的中华文化。我国民族传统体育作为世界体育文化的一个组成部分，既是一种植根深厚、一贯稳定的精神特质文化，又在历史变迁中不断改变其具体的结构样式，呈现出多姿多彩的面貌。纵观世界体育史，不少风靡全球的运动项目是由民族传统体育发展而来的。当今世界流行的各种体育活动，刚开始时仅局限在某一地区的一个或少数几个民族中，最终为各国各民族的人民所接受，成为全人类共同的文化财富。可以毫不夸张地说，民族体育是国际体育之母。

一、我国民族传统体育的繁荣

我国民族传统体育代表着古老的东方保健体系，具有代表性的文化特质，突出地再现了民族特色、民族心理和民族意识。无论是在奥运会上夺取金牌，还是在继承和挖掘民族遗产、增进民族团结和凝聚民族向心力、增强民族忧患意识、再现伟大的爱国主义精神等方面，都发挥着重要的作用。近年来，国家及各地方召开的各种形式的民族体育运动会，使民族传统体育如雨后春笋一般得到了极大发展，在开拓中华民族悠久的文化遗产时，与现代体育交相辉映，在人民的体育生活中，构成了五彩缤纷的绚丽景观。各民族所特有的传统体育项目也在不断挖掘整理。表2–1列举了我国各民族开展的代表性传统体育项目。

表2–1　我国各民族开展的代表性传统体育项目分类

序号	民族名称	代表性项目	序号	民族名称	代表性项目
1	汉族	投壶、蹴鞠、布打球、捶丸、龙舟等	4	柯尔克孜族	姑娘追、叼羊、马背拔河、二人翻等
2	蒙古族	摔跤、赛马、打布鲁、布木格等	5	土族	轮子秋、拉棍、拔腰等
3	回族	木球、掼牛、中幡、打抛俩等	6	达斡尔族	颈力、老虎棋、波依阔等

续表

序号	民族名称	代表性项目	序号	民族名称	代表性项目
7	藏族	赛牦牛、赛马、藏棋、拔腰等	24	仫佬族	抢花炮、打篾球、打灰包、打花龙等
8	维吾尔族	达瓦孜(踩绳)、摔跤、赛马、抢花帽等	25	羌族	推杆、观音秋、扭根子、骑射等
9	苗族	上刀梯、秋千、划龙舟、跳鼓等	26	布朗族	藤球、爬竿、斗鸡、跑马等
10	彝族	磨秋、跳火绳、摔跤、赛马等	27	撒拉族	拔腰、打蚂蚱、打缸、放木筏等
11	壮族	抛绣球、跳花灯、抢花炮等	28	毛南族	顶竹竿、下棋、石担、石锁等
12	布依族	丢花包、划竹排、秋千、花棍舞等	29	仡佬族	打篾鸡蛋球、打花龙等
13	朝鲜族	跳板、顶罐走、摔跤、高丽象棋等	30	锡伯族	射箭、摔跤、赛马、打秋千等
14	满族	溜冰车、珍珠球、冰嬉、击石球等	31	阿昌族	象脚鼓舞、舞阿昌刀、荡秋、车秋等
15	侗族	抢花炮、草球、踩芦笙、投火把等	32	普米族	赛马、打靶、布球、打鸡毛球等
16	瑶族	独木划水、人龙、打陀螺、毛菜球等	33	塔吉克族	叼羊、赛马、马球等
17	白族	霸王鞭、仪鼓、赛马、赛龙舟等	34	怒族	溜索、跳竹、滑草、摔跤等
18	土家族	打飞棒、抱磨盘赛跑、踢毽子等	35	乌孜别克族	赛马、叼羊、摔跤等
19	哈尼族	磨秋、赛蒙抬、打陀螺等	36	俄罗斯族	嘎里特克等
20	哈萨克族	叼羊、姑娘追、马上摔跤、滑雪等	37	鄂温克族	套马、狩猎、滑雪等
21	傣族	象脚鼓对踢、藤球、赛龙舟、跳竹竿等	38	德昂族	射弩、梅花拳、左拳等
22	黎族	打花棍、跳竹竿、串藤圈、钱铃双刀等	39	保安族	抹旗、夺腰刀、抱腰、羊皮筏等
23	傈僳族	弩弓射击、泥弹弓、爬竹竿、拉绳等	40	裕固族	赛马、摔跤、拔棍、顶牛、射箭等

续表

序号	民族名称	代表性项目	序号	民族名称	代表性项目
41	佤族	射弩、摔跤、爬竿、布球、顶杠等	49	京族	踩高跷、跳竹竿、顶竹竿等
42	畲族	稳凳、蹴石磉、打尺寸、赛海马等	50	塔塔尔族	赛跳跑、爬竿、拔河等
43	高山族	背篓球、竿球、顶壶、拉竿等	51	独龙族	射弩、溜索、登绳索、滑草等
44	拉祜族	打马桩、射弩、鸡毛球、丢包等	52	鄂伦春族	射箭、射击、毛皮球、赛马等
45	水族	赛马、狮子登高、翻桌子等	53	赫哲族	叉草球、冰磨、打爬犁、击木轮赛等
46	东乡族	羊皮筏子、羊皮袋、压走马比赛等	54	门巴族	射击、狩猎等
47	纳西族	东巴跳、秋千、飞石锁、丽江球等	55	珞巴族	射箭、射碧秀（响箭）
48	景颇族	火枪射击、爬滑竿、扭杠、顶杠等	56	基诺族	跳牛皮鼓、竹竿比赛、藤条拔河、“羊打架”等

二、全国少数民族传统体育运动会的发展

中国具有历史悠久的统一的民族文化基础。历史上各民族的交往、冲撞和纷争，最终给中华文明带来了丰富的新鲜血液，为中华文明增添了活力。具有深厚底蕴的汉民族文化对异族文化有着异乎寻常的同化力，它使少数民族最后也融合在大一统的文化中。一个完整的中华民族传统体育的概念，必然需要丰富多彩的少数民族传统体育形式的填充。当代我国民族体育的发展，以少数民族传统体育活动的繁荣最具代表性，其中尤以全国少数民族传统体育运动会为标志。

全国少数民族传统体育运动会是经国务院批准，由国家民族事务委员会和国家体育总局主办、地方人民政府承办的全国性少数民族传统体育运动会。运动会的宗旨是平等、团结、拼搏、奋进。

全国少数民族传统体育运动会是在1953年举办的全国民族形式体育表演及竞赛大会的基础上发展而来的。自1953年举办第一届，直到1982年重新举办，其间经过了漫长的近30年的停顿。重视民族体育是改革开放以后的事。在新的历史时期，为了深入贯彻落实民族政策，进一步继承和发展民族民间传统体育，增强各族人民体质，为改革开放

和社会主义建设服务，经国务院批准，确定了全国少数民族传统体育运动会由国家民族事务委员会（简称国家民委）和国家体育运动委员会（简称国家体委）联合主办，由地方承办，每四年举行一届。

（一）第一届全国少数民族传统体育运动会

新中国成立后，党和政府对各民族民间传统体育活动十分重视。1953 年 11 月 8 日至 12 日，在天津市举行了全国民族形式体育表演及竞赛大会。1984 年，国家体委、国家民委将这次体育运动会定为第一届全国少数民族传统体育运动会。参加该届运动会的是来自中国人民解放军、中国火车头体育协会、东北区、西北区、华东区、中南区、西南区（包括西藏）、华北区、内蒙古自治区等 9 个单位 13 个民族的 397 名运动员。

体育项目分竞赛、表演和特邀表演三部分。竞赛项目有举重、拳击、摔跤、短兵和步射。表演项目有武术（分棒术和器械等 383 项）、民间体育（分石担、石锁、弓箭术、弹丸、爬竿、跳板、木杠、皮条、沙袋、地围、跳桌、筋斗、叠罗汉、大武术、五虎棍、打术、跳术、跳绳、飞叉、中幡等 22 项）、骑术（各种马上技巧表演 9 项）三大类。特邀表演项目有马球、蒙古式摔跤、狮舞、杂技等。其中维吾尔族的达瓦孜、蒙古族的摔跤、朝鲜族的跳板、回族的武术及内蒙古骑兵的马术等少数民族项目给人留下了深刻的印象。竞赛项目中有 10 名举重运动员刷新了全国纪录。来自全国各地的观众有 12 万人次。运动会闭幕后，主办方又挑选了 90 名优秀运动员进京连续表演了 31 场，受到观众的热烈欢迎。

该届运动会不仅是新中国成立以来的第一次民族形式的体育盛会，更是一次体现民族平等团结的盛会。少数民族第一次将自己的民间传统体育项目拿到全国体育运动会上展示，这在中国体育史上具有划时代的意义，对贯彻党的民族政策、推动民族体育事业发展、增强民族团结产生了重要影响。从此，少数民族传统体育进入了一个繁荣发展的新时期。

（二）第二届全国少数民族传统体育运动会

1982 年 9 月 2 日至 8 日，由国家体委、国家民委主办，内蒙古自治区人民政府承办的第二届全国少数民族传统体育运动会在呼和浩特市举行。该届运动会历时 7 天，共 29 个省、自治区、直辖市的 56 个民族的 863 名运动员和教练员参加，其中少数民族运动员 593 人。运动会分竞赛项目和表演项目两大类。竞赛项目有射箭破纪录邀请赛和中国式摔跤。来自内蒙古、新疆、西藏、青海 4 个省、自治区的 5 个民族的 24 名运动员参加了射箭的角逐并取得优异成绩。15 个省、自治区、直辖市的 9 个民族的 56 名业余摔跤运动员参加了 4 个级别的中国式摔跤比赛，涌现出一批优秀的摔跤人才。表演项目有 68 个，分别由 26 个省、自治区、直辖市的 46 个少数民族的 800 多名运动员进行表演。其中有：傣族的孔雀拳、白族的霸王鞭、纳西族的东巴跳、彝族的阿细跳月、高山族的背篓球、回族的斗牛、藏族的碧秀、土族的轮子秋、朝鲜族的秋千、黎族的跳竹竿、壮族的高空舞狮、维吾尔族的达瓦孜、哈萨克族的马上拾银、塔吉克族的叼羊、蒙古族的赛骆驼和赛马、达斡尔族的波依阔等。这些传统的民族表演项目，是从各民族的生产生活中产生和发展而来，各具特色，异彩纷呈，吸引了 80 多万人次的观众前来观看。

运动会期间，还举办了全国少数民族传统体育图片展览，以及有 1.2 万余人参加的盛大联欢晚会。在联欢晚会上，各民族运动员围着熊熊篝火，载歌载舞，尽情表达各民族平等团结友爱的深厚情谊。

（三）第三届全国少数民族传统体育运动会

1986 年 8 月 10 日至 17 日，由国家体委、国家民委主办，新疆维吾尔自治区人民政府承办的第三届全国少数民族传统体育运动会在乌鲁木齐市举行。该届运动会首次启用了会徽、会旗、会标。这标志着全国少数民族传统体育运动会逐步走向正规化。由 29 个省、自治区、直辖市的 55 个少数民族的运动员和各民族的教练员、工作人员共 1097 人参加比赛和表演，另外还有各省、自治区、直辖市组成的观摩团，以及特邀代表、中外记者、港澳同胞和外国友人等，总规模达 3074 人，大大超过了上届。该届运动会设 7 个竞赛项目和 115 个表演项目。竞赛项目除保留上届摔跤、射箭外，增设了赛马、叼羊、射弩、抢花炮、秋千等 5 个项目。表演项目比上届增加了 47 项。该届运动会制定了较为科学的比赛规则，使参赛运动员的技术水平得到了较好的发挥，各代表团都取得了较好的成绩。

运动会期间，国家民委、国家体委联合表彰了一批民族地区体育先进单位和个人。党和国家领导人同运动员、教练员、裁判员、工作人员、中外来宾及各民族的代表在天山脚下的南山牧场一起联欢，歌声、笑声汇成一曲民族大团结的赞歌。

（四）第四届全国少数民族传统体育运动会

1991 年 11 月 10 日至 17 日，由国家民委、国家体委主办，广西壮族自治区人民政府承办的第四届全国少数民族传统体育运动会在南宁市举行（其中马上项目由内蒙古自治区人民政府承办，于 1991 年 8 月 4 日至 7 日在呼和浩特市举行）。运动会历时 8 天，来自全国 30 个省、自治区、直辖市的 55 个少数民族的 1740 名运动员和各民族教练员、工作人员、观摩人员、全国民族体育工作先进集体和先进个人代表及记者参加，总规模 4500 人。台湾少数民族龙舟队和少数民族传统歌舞艺术团第一次参加了全国少数民族运动会的比赛和表演。该届运动会设竞赛项目和表演项目两大类。竞赛项目共 9 项，有龙舟、抢花炮、秋千、射弩、珍珠球、木球、民族式摔跤 、赛马和武术，设金牌 34 枚；表演项目 120 项，设奖 114 个。该届运动会不仅在竞赛项目和表演项目的数量上超过了历届，而且制定了较为科学系统的总规程、竞赛项目规程和规则、表演项目评判方法，使该届运动会向着规范化的轨道迈进了一大步。

运动会期间，国家民委、国家体委还召开了民族体育表彰会，表彰了一批为发展民族地区体育事业作出贡献的先进地区、单位和个人，并举办了全国少数民族传统体育图片展览，来自全国各地的 12 家艺术团体，为各族群众演出 30 场文艺节目。

（五）第五届全国少数民族传统体育运动会

1995 年 11 月 5 日至 12 日，由国家民委、国家体委主办，云南省人民政府承办的第五届全国少数民族传统体育运动会在昆明市举行。该届运动会的宗旨是：发展民族体育，增强民族体质，加强民族团结，振奋民族精神，为社会主义物质文明和精神文明建设服务。该届运动会历时 8 天，其规模和项目均超过历届。全国各省、自治区、直辖市 55 个少数民族的运动员 3300 人，包括汉族在内的运动员、教练员、裁判员以及全国民族体育模范集体和模范工作者代表共 7000 多人参加。中国人民解放军、新疆生产建设兵团首次组团参赛。台湾少数民族代表团参加了龙舟竞赛。该届运动会设竞赛项目和表演项目两大类。竞赛项目有抢花炮、珍珠球、木球、毽球、民族式摔跤、秋千、武术、射弩、龙舟、马上项目、打陀螺等 11 项，设金牌 65 枚；表演项目有 129 项，设一、二、三等奖；另外设“体育道德风尚奖”。

运动会期间，国家民委、国家体委联合召开表彰大会，表彰了一批为发展民族地区体育事业作出贡献的模范集体和模范工作者。为配合运动会的举行，还举办了全国少数民族传统体育摄影艺术展、民族团结艺术灯展、烟火晚会等活动，并在云南民族村举行了民族大联欢。

（六）第六届全国少数民族传统体育运动会

1999 年 9 月 24 日至 30 日，由国家民委、国家体育总局主办，北京市人民政府承办的第六届全国少数民族传统体育运动会在北京市举行，并在拉萨市设立分赛场。该届运动会遵循“发展民族体育，增强民族体质，加强民族团结，振奋民族精神，为社会主义物质文明和精神文明建设服务”的宗旨，本着“平等、团结、繁荣、进步”的原则，充分展示了各族人民在中国共产党的领导下，高举民族团结的旗帜，迈向新世纪的精神风貌。

全国各省、自治区、直辖市和新疆生产建设兵团、中国人民解放军共 34 个代表团的 2600 多名运动员和 29 个观摩团参加了北京主赛场运动会，参加运动会的还有受表彰的民族体育模范代表、裁判员、工作人员、记者，总计 6002 人。来自全国各省、自治区、直辖市、新疆生产建设兵团和中国人民解放军的 33 个代表团和 40 个观摩团共 2386 人参加了拉萨分赛场运动会。该届运动会设 13 个比赛项目和 157 个表演项目。在原来的项目上增加蹴球、押加项目，其中射弩、打陀螺、押加和部分马上项目、部分表演项目在拉萨分赛场进行。运动会期间，主办方和东道主还举办了民族文化节、民族艺术周、民族大联欢、民族题材摄影展等一系列文化活动，同时表彰了一批为民族体育事业作出突出贡献的先进集体和个人。

（七）第七届全国少数民族传统体育运动会

2003 年 9 月 6 日至 13 日，由国家民委、国家体育总局主办，宁夏回族自治区人民政府承办的第七届全国少数民族传统体育运动会在银川市举行。该届运动会的宗旨是：弘扬民族传统体育文化，促进民族团结进步繁荣。该届运动会历时 8 天，来自全国 31 个省、自治区、直辖市和中国人民解放军、新疆生产建设兵团等 34 个代表队的 55 个少数民族的运动员和各民族的教练员、裁判员、工作人员，以及 30 个观摩团的观摩人员、少数民族体育先进代表及新闻记者参加，总规模 9000 余人。

该届运动会比赛分竞赛项目和表演项目两大内容。竞赛项目在上届项目的基础上增设高脚竞速，共 14 项，表演项目 125 项。为配合运动会举行，还举办了美术书法摄影展、体育集邮精品展、新中国体育成就暨民族传统体育展等一系列文化活动。

（八）第八届全国少数民族传统体育运动会

2007 年 11 月 10 日至 18 日，由国家民委、国家体育总局主办，广东省人民政府协办，广州市人民政府承办的第八届全国少数民族传统体育运动会在广州市举行。该届运动会以“一流的场馆、一流的服务、一流的水平”为办会目标，以“团结、强健、奔小康”为主题，充分展示改革开放的成就和时代特色。

该届运动会设竞赛项目和表演项目两大类。竞赛项目在上届的基础上增加了 1 个大项目“板鞋竞速”，增加 31 个小项目。表演项目增加了健身操类。竞赛项目共有 15 个：花炮、珍珠球、木球、蹴球、毽球、龙舟、秋千、射弩、陀螺、押加、高脚竞速、板鞋竞速、武术、民族式摔跤、马术。表演项目分健身类、技巧类、竞技类、健身操类四大类，共 149 项。

来自全国 31 个省、自治区、直辖市和中国人民解放军、新疆生产建设兵团共 34 个代表团 6381 名运动员参赛，代表团人数超过历届。运动会期间，国家民委、国家体育总局还联合召开全国民族体育先进集体和个人表彰大会以及民族体育科学论文颁奖会。为配合运动会，该届运动会还举办民族大联欢、民族书画展、民族摄影展、民族大型文艺演出等一系列文化活动。

（九）第九届全国少数民族传统体育运动会

2011 年 9 月 10 日至 18 日，由国家民委、国家体育总局主办，贵州省人民政府承办的第九届全国少数民族传统体育运动会在贵阳市举行，这是贵阳市首次举办全国性的综合体育赛事。该届运动会的宗旨是：平等、团结、拼搏、奋进。

该届运动会设竞赛项目和表演项目两大类。竞赛项目有花炮、珍珠球、木球、蹴球、毽球、龙舟、秋千、射弩、陀螺、押加、高脚竞速、板鞋竞速、武术、民族式摔跤（搏克、且里西、格、北嘎、绊跤、希日木）、马术（速度赛马、走马、跑马射击、跑马射箭、跑马拾哈达）、独竹漂等 16 项。表演项目有竞技类、技巧类和综合类，共 185 项。

来自全国 31 个省、自治区、直辖市和中国人民解放军、新疆生产建设兵团的 34 个代表团的 55 个少数民族的运动员和各民族的教练员、裁判员、工作人员，以及观摩团的观摩人员、少数民族体育先进代表及新闻记者参加运动会，总规模 10000 余人，其中运动员 6773 名。运动会期间，国家民委、国家体育总局召开全国民族体育先进集体先进个人表彰大会暨民族体育科学论文颁奖大会。

（十）第十届全国少数民族传统体育运动会

2015 年 8 月 9 日至 17 日，由国家民委、国家体育总局主办，内蒙古自治区人民政府承办的第十届全国少数民族传统体育运动会在鄂尔多斯市举行。该届运动会遵循“平等、团结、拼搏、奋进”的宗旨，充分展示我国少数民族传统体育特色和运动水平，锻炼和培养少数民族优秀体育人才，为弘扬民族文化、振奋民族精神、促进民族团结、构建和谐社会作出了努力。

该届运动会设竞赛项目和表演项目两大类。竞赛项目有花炮、珍珠球、木球、蹴球、毽球、龙舟、独竹漂、秋千、射弩、陀螺、押加、高脚竞速、板鞋竞速、少数民族武术、民族式摔跤（搏克、且里西、格、北嘎、绊跤、希日木）、马术（民族赛马、走马、跑马射击、跑马射箭、跑马拾哈达）、民族健身操等 17 项。表演项目有 178 项。

全国各省、自治区、直辖市以及中国人民解放军、新疆生产建设兵团共 34 个代表团参加该届运动会。运动员、教练员、裁判员、新闻记者及工作人员的总人数约 1 万人。该届运动会相比往届有两点新变化：一是在竞赛项目中的集体项目及表演项目按一定比例允许汉族运动员参赛。二是在竞赛项目中新增了民族健身操。

（十一）第十一届全国少数民族传统体育运动会

2019 年 9 月 8 日至 16 日，由国家民委、国家体育总局主办，河南省人民政府承办的第十一届全国少数民族传统体育运动会在郑州市举行。该届运动会是全国少数民族传统体育运动会首次在中部省份举办，来自全国 31 个省、自治区、直辖市和中国人民解放军、新疆生产建设兵团共 34 个代表团的 7009 名运动员，共同角逐 17 个竞赛项目和 194 个表演项目。

该届运动会竞赛项目有花炮、珍珠球、木球、蹴球、毽球、龙舟、独竹漂、秋千、射弩、陀螺、押加、高脚竞速、板鞋竞速、民族武术、民族式摔跤、民族马术、民族健身操等。表演项目分竞技类、技巧类和综合类。其他主要活动有火炬传递、开闭幕式、民族大联欢等。

努力发掘和保护少数民族体育文化意义深远。改革开放 40 多年来，我国政府加大了对少数民族传统体育文化的发掘和保护，少数民族传统体育受到前所未有的高度重视，全国少数民族传统体育运动会已成为展示我国少数民族传统体育的最大平台。各省（自治区、直辖市）体育局、民族学院、体育学院都把民族传统体育的挖掘整理纳入工作范围，力图使民族体育的发展走上科学的轨道。

▸ 思考与练习

1. 民族传统体育的特点表现在哪几个方面?
2. 如何理解民族传统体育在现代社会发展中的价值?

本章思政元素

中华文明源远流长、博大精深，是中华民族独特的精神标识，是当代中国文化的根基，是维系全世界华人的精神纽带，也是中国文化创新的宝藏。在漫长的历史进程中，中华民族以自强不息的决心和意志，筚路蓝缕，跋山涉水，走过了不同于世界其他文明体的发展历程。

中华民族是一个拥有五千年悠久文明的伟大民族。少数民族传统体育正是经历了千百年的历史进程而逐步形成和发展起来的。其形式多样、内容丰富，具有厚重的民族文化底蕴和十分鲜明的民族特色，不仅在我国少数民族的历史演进中发挥着重要而积极的作用，而且其独特的民族性、存在方式和文化价值等宝贵内容是中华民族对人类文明作出的重要贡献之一。

第三章　畲族体育的形成与发展

▸ **内容提要**

本章主要阐述畲族体育形成的影响因素、文化内涵特征，分析研究制约畲族体育发展的原因以及发展对策，开发畲族体育文化资源，弘扬和发展畲族体育文化。

第一节　畲族简述

畲族是一个有着悠久历史和迷人风采的民族，畲族自称“山哈”或“山达”，意为“居住在山里的客人”。文献记载中称畲族为“畲人”，意思是在山里搭棚而住的人。根据国家统计局公布的第七次全国人口普查资料，全国畲族人口有 74.64 万人，在 55 个少数民族中人口居第 21 位，主要分布在福建、浙江、江西和广东等省。其中，福建畲族人口为 37.47 万人，浙江 18.25 万人，江西 7.4 万人，广东 4.21 万人。浙江的畲族人口虽在全省各地都有分布，但主要集中在浙南的丽水、温州两市，呈现出以农村人口为主体的“大分散、小聚居”的特点。浙江省设有全国唯一的畲族自治地方——景宁畲族自治县，并设有 18 个畲族乡镇（温州 7 个，丽水 7 个，金华 2 个，衢州和杭州各 1 个）。其中，景宁县的畲族人口达到 18473 人，占全县常住人口的 16.64%。

畲族是一个具有悠久历史和灿烂文化的杂散居民族。畲族因历史上长期迁移，分散居住，没有大片固定聚居区。早在东汉时期，作为武陵蛮的一支，畲族生活在广东潮州凤凰山一带。畲族社会曾长期处于以“刀耕火种”的原始农业经济和狩猎经济为主的阶段。从唐朝开始，畲族为了生存，前后经历了近千年的民族大迁徙，由南向北，向福建、浙江、江西三省人烟稀少的山区迁移，居无常处，生产生活极不安定，社会经济发展缓慢。畲族在历史上的大迁徙，一次是在唐总章二年（669 年）“靖边方”，统治阶级疯狂地镇压“蛮獠”畲族聚居区的畲民，激起畲族人民顽强反抗，仗愈打愈大，延续40多年，直到畲族人民反压迫斗争首领雷万兴死后第三代，整个畲族聚居区被夷为平地，畲族人民被迫向福建、江西等地迁徙。一次是到明朝中期，在粤闽赣边界大帽山（今江西寻乌县南），以蓝天凤为首的反压迫斗争又起，连续打了十几年，最后畲族被迫迁往闽东、浙南等地。直到明清之际，大多数畲族才在福建、浙江山区定居下来。明清以来，畲族在闽东、浙南形成新的畲族聚居区，畲族传统文化在闽东、浙南得到较好的保存。

畲族的历史发展进程塑造了畲族的文化心理和民族性格，创造和构筑了具有自己民族特色的传统文化。畲族有自己的语言但没有文字，民族历史与民族文化的传承主要依靠口传身授。畲族人民勤劳勇敢，在漫长的历史长河中，不仅以自己的辛勤劳动同汉族人民共同开发祖国的东南地，又发挥自己的聪明才智，在所处的自然环境中和特定的社会条件下，创造和传承了具有本民族特点的多姿多彩的传统文化。其中，畲族体育文化品种繁多、内容丰富多彩，而且融民族性、地域性、教育性、健身性、娱乐性、实用性于一体，具有雄厚的群众基础和浓郁的民族色彩。随着我国竞技体育实力和经济实力的增强，畲族体育虽然较之从前有了较大的发展，却明显地表现出滞后性，呈逐渐萎缩态势，有的甚至已经失传。传承和发展畲族体育成为摆在我们面前的紧迫任务，是我们义不容辞的责任。

第二节　畲族体育形成的影响因素

一、地理环境与畲族体育的形成

历史上，畲族聚居地区处于中国东南丘陵地带，山不高但苍翠，水不阔却纵横，气候湿润，资源丰富。畲族农耕文化的多元性，表现为耕作方式的更替、耕作内容的多样和与农耕相关的多种经营并举。畲族原始的生产方式为游耕和狩猎，明顾炎武《天下郡国利病书》中说畲民“随山散处，刀耕火种，采实猎毛，食尽一山则他徙”。畲民长期居住在山中，老虎、野猪、猴、犬等动物经常出没。过去由于交通不便，畲民居住地区信息闭塞，经济相对落后。在这种极其艰苦的条件下，为了生存和发展，畲族人民充分利用合适的地形和自然物，就地取材，制作捕兽工具，依野兽的种类，采用不同的狩猎方法。《景宁县志》云，景宁畲民“散居在岩谷，常持鸟枪以角禽兽”。清末，永丰乡赤坑村（原宣平县）一带虎伤众人，雷明瑚兄弟组织全村射虎，因除虎有功，宣平县（永丰乡 1985 年划归丽水管辖）知县奖给他们银制射虎牌 16 枚。畲族体育正是畲族人民在挖掘采集植物、捕鱼、狩猎和与大自然的搏斗中形成的，而后逐渐发展成为民族传统体育项目，有狩猎、赶野猪、打铳、考龟、猴抢果、米筛舞、竹林竞技、登山活动等等。

二、战争与畲族体育的形成

畲族是一个勇敢顽强不畏强暴的民族，他们为求生存不仅要和艰苦的自然环境作斗争，还要和历代统治阶级残酷的压迫剥削作斗争。自唐代起至新中国成立，畲族人民一直没有停止过反抗阶级剥削和民族压迫的斗争，而且往往与当地汉族人民共同起义，并肩战斗。在历代军事舞台上，唐初广东潮州一带的畲族人民在雷万兴、苗自成、蓝奉高等人的领导下，掀起反抗唐王朝统治的斗争；元代畲族人民积极参加张世杰、文天祥领导的抗元斗争，而且出现了妇女起义领袖许夫人；明清以来，畲族由于“大分散、小聚居”聚落格局，无法形成大规模的群体行动。畲族的传统体育，也是在这样的历史条件下和经济基础上产生的。它是畲族人民为了防身和保卫已取得的劳动成果，抗击压迫和外侵之敌，由所采取的防守与进攻的手段及措施等军事性内容发展而成的。

流传于浙江、福建一带的畲族体育活动打尺寸就起源于唐代畲民起义中领袖蓝奉高赤手拨箭的英雄事迹。相传，畲族首领蓝奉高率领畲族群众奋力抵抗统治阶级残酷的政治压迫和经济剥削。在反抗斗争中，畲族群众因寡不敌众被迫退到韩江南岸，筑地堡，防御抗敌。一次，敌人在江北万箭齐发，妄图渡江。为保南岸，蓝奉高急中生智，挺身而出，用手中的断弓，把来箭一一挡住，并奋力击向江北敌营。群众争相效仿，拿起棍棒，将来箭挡住，向北击回，终于阻击了敌人的进攻。用断弓横扫敌箭，尺示弓，寸示箭，“打尺寸”便源于此。为了纪念蓝奉高，发扬英勇抗敌精神，畲族人民开展起了打尺寸这一传统体育活动。还有打石锁、扭扁担、肚顶棍、手顶棍、盘柴槌、插竹把、畲族拳、八井拳、洪拳、蓝技拳、推八字步、板凳拳、打绞棍、四门棍、连环拳、板凳花等，也都是畲民练武的重要内容。这些内容被用作军事训练的辅助手段，经过千百年流行和传承，已形成独具一格的畲族传统武术项目。

三、风俗传统与畲族体育的形成

畲族没有本民族的文字，仅有自己的民族语言。现今的畲族语言有“山哈话”和“活聂话”两种。畲族传统文化的积累和传承不像汉族通过文字进行，而主要是通过口头语言传播和手头技艺传播来进行。畲族民间口传文艺特别发达，其原因在于其担负着传统文化积累和传播的功能。畲族体育活动多在节日喜庆之日举行。如擦红脸，源于畲家婚礼中的“擦乌脸”，此项活动就是伴娘将锅底的锅灰用各种方法涂抹在伴郎的脸部。又如结婚这天晚上，婚礼仪式中包括新郎在内的10名男子分别模拟男女老少的神情，面对面站成两列纵队，在一名善舞的端茶人率领下跳敬茶舞。每逢农历正月、二月二、三月三、九月九等，人们身着盛装，扶老携幼出门登山，风雨无阻，成群结队，最具刺激性的是快速爬竹、攀竹比赛。每年逢季节性庄稼丰收或猎物收获，都要举行各种热烈隆重的传统体育活动，为民族节日增添了迷人的风采，展现了浓郁的民族文化。

第三节　畲族体育文化的内涵特征

一、畲族体育的物质文化特征

物质文化的客观实在性，构成民族传统文化的基础和源泉。离开了物质文化这个基础，民族文化就成了奢谈。在畲族的历史发展进程中，无论是采集狩猎，还是农耕稼穑，都与树木、竹林发生着各种各样密不可分的联系。在日常生活中，畲族人民对树木的观察认识是经常性的、不间断的。他们对各种树木的质地、形状，以及在现实生活中的不同用途等，都积累了丰富的知识和经验。畲族的民族传统体育中有相当一部分项目需要借助树木和竹子来制作器械器材以进行身体活动，如打铳、竹林竞技、稳凳、蹴石磉、赶野猪、武术等。这些体育活动器材都是畲族人民在生产劳动过程中创造，并在发展中不断提炼和完善的。它们凝聚着畲族人民的智慧，为畲族体育文化的传承起到积极的作用。

二、畲族体育的家族文化特征

畲族在历史上没有形成过统一的政权，也没有产生跨地域性的强有力的社会管理机构，其社会文化的生产力、创造力和社会整合的传统机制主要由以血缘关系和族缘观念为基础的家庭组织和父系世系（宗族）组织构成。血缘关系和族缘观念成为畲族内部传统社会的凝聚力和支撑力。畲族传统聚落的分散是有目共睹的。在依靠家族力量支撑的同时，畲族人依靠族内婚姻的壁垒，打造了自身独有的团结和顽强，这使他们在无论多么恶劣的自然、社会条件下都能够极其顽强地生存下来。作为畲族社会文化的主要内容之一，家族文化有着较为完善的系统，包括家族观念、家族情感、家族行为和家族体制。属于汉藏语系苗瑶语族的畲族没有本民族的文字，民族历史与民族文化的传承主要依靠口传身授。“传师学师”就是畲族人以家族为单位向成年男子传授本民族历史、文化和武艺技能的一种口传身授的形式。如五岳山老虎抢猪头，由法师装扮成猛虎，追跑抢猪头时，以手撑地，又爬又滚，鱼跃奔扑，动作惊险激烈，极富体育特色。畲族男子成丁礼仪式叫“做阳”，也有叫“做聚头”。“做阳”仪式以“传师学师”为主要内容。“传师学师”具有规模宏大、场面热烈、动作刚强的特点，使用铃刀和龙角等器具，主要动作有猎步、坐蹲步、悠荡步、柔软步、硬步、两步半等，时而穿插走、跑、跳、爬、翻、滚、跌、扑等难度较大的动作。在畲语的伴唱下，“传师学师”反映了畲族发生、发展、兴亡的历史和民族传统文化的变迁，同时也反映了畲族男子学习祖先、祭祀祖先、崇拜祖先的民族心理，具有男子成丁礼性质和传承民族文化的功能。通过这一特殊的仪式，畲族男子由家庭普通成员“入录”“度身”转为家族教职人员，从此正式成为本民族成员。畲族成年男子必须是勇敢的战士、强干的猎手、熟练的农业生产者，以及能恪尽职守的民族公社成员。

三、畲族体育的图腾文化特征

畲族的祖先选择狩猎的得力助手——龙犬盘瓠作为本民族的图腾，并且尊其为始祖。对于畲族来说，历史上的民族大迁徙使其易受到外族的欺凌，而保持图腾文化对于巩固本民族内部的感情和团结、共同抵御外侮起着重要的作用。畲族对盘瓠图腾的崇拜有着坚实的社会生活基础和牢固的思想感情。畲族在祭祖时，伴以鼓乐，跳起“犬舞”，模仿狗的奔、扑、翻、滚、掌、仰、蹬、卧、闪、窜、抖等格斗动作，以犬命名的动作达49 种。祭祖结束时，有的瞻观祖图，有的玩拳术、切磋武艺。畲族民间武艺是流传在畲民聚居地的南派武术，很少与外界交流。畲族人结合生活环境和地理条件编创出一套步稳势烈、发力短猛、擅用手法、防守门户严谨、进攻多用指法、掌法风格独特的畲族民间武艺。畲族的祭祖贯穿祖图的文化内涵。畲族祖图的主题是忠君报国、光宗耀祖、居山安贫，这也是畲族接受盘瓠传说并且年年祭祖的原因。

四、畲族体育的民族精神文化特征

畲族在长期的迁徙和反抗压迫的历史发展中，要保持其民族的稳定性和独立性，就必须具有特别强烈的民族意识和民族凝聚力。历代统治者施行的民族歧视和民族压迫政策，给他们带来了严重的生存危机。在迁徙过程中，他们不断地面临新的自然环境和社会环境，处处感到势孤力单，这必然唤起他们强烈的民族意识，强化了民族凝聚力。外部形势的压力是畲族群众能够团结、独立、自立以保持整体力量的原动力。民族传统体育不仅具有体育文化的一般特征和属性，更具有一些独特的带有民族文化气息和民族意识的特性，表现出强烈的民族性。畲族是一个具有强烈民族自尊心和反抗精神的民族，他们不仅要抵抗自然灾害和豺狼虎豹的无情侵袭，还要和历代统治阶级的残酷压迫剥削作抗争。在众多的斗争中，他们必须有强健的体魄和过硬的防卫制敌功夫，具有民族特色的武术也就应运而生。如畲族拳，其流派和套路有数十种之多，练功的方法很特别。练“铁砂掌”之前，先砍一节粗壮的竹筒，内装一条毒蛇，待蛇腐烂后，练武者将手伸进竹筒，蛇毒使其手奇痒难忍，急需插入米糠、谷子或沙子、铁砂中摩擦，久之则皮肉坚硬。又如畲民喜欢的打尺寸活动，起源于唐代畲民起义领袖赤手拨箭的英雄事迹。流传于畲族乡村的拳术与棍术是畲族的精神遗产。刚柔相济的民族性格和固有的民族精神文化是畲族传统文化能够在我国封建地主经济、家族文化相对发达的沿海地区——闽、浙、粤等地繁衍生息，并始终保留自我文化特色、占有一定文化地位的又一个主要原因。

五、畲族体育的习俗、娱乐文化特征

畲族体育活动多在节日和喜庆之日举行，有一定季节性，亦有固定场所和环境。如蹴石磙是丽水市畲族人民创造的深受群众喜爱、别具情趣的传统体育活动。相传古时候，丽水有个畲族人民聚居的村庄——景宁大均，坐落在高山深谷之中，整个村庄像一把倒置的琵琶，村庄当中两条路用卵石铺成，恰似琵琶上的琴弦。那时候，畲族人民生活贫困，整个村庄冷冷清清。有一天，一位先生经过村庄，他环顾四周，对村民说，你们村庄要兴旺，就要拨响那根“弦”。于是一群青年在村街上操滚卵石，玩耍游戏。之后每逢夏收喜庆之日畲民们便集结街头，开展精彩的蹴石磙表演或比赛。自此以后，村庄里充满了欢乐和生机。因为许多畲族山村条件都很相似，蹴石磙活动很快就在其他畲族村庄中传播推广，此项活动流传至今。“抄杠”是他们经常用来锻炼和比试力量的活动，也是畲族人民所特有的传统体育项目。村寨之间相互比赛，以武会友，以木棍对抄发展为今天多种形式的表演比赛。许多畲族传统体育项目都以这种自娱自乐的、消遣的和游戏的活动方式产生，以满足人们的身心需要。畲族传统体育的这种习俗文化，使得它具有很强的吸引力。这些畲族体育项目已成为在畲民中广为流传的健身、娱乐的群众性体育活动。

第四节　畲族体育传承与发展的制约因素

畲族历经数千年的发展，在独具民族特色的地理环境、文化氛围、风俗习惯和价值理念的共同作用下，在自给自足的山地农耕经济与外来民族的相互交融中，形成了独具特色的、蕴含着深刻的传统文化内涵和民族精神的畲族体育。随着社会的发展、经济的变革，原本在一个单纯的环境中发展、继承的畲族体育，在与外来文化的多次碰撞、融合和对接的过程中，发生本土性特质的根本变化。随着社会从古老的时代缓慢步入近现代，畲族体育赖以生存的传统文化根基发生动摇，其传承和发展步履艰难。一些富有民族特色的传统体育项目失去了往日的风采，加上畲族没有本民族的文字，汉文史籍记载的又很少，有些已经逐渐被人们遗忘。

一、文化环境对畲族体育传承与发展的影响

大量畲族人口长期散居在汉族聚居区，使得畲族文化在与汉族文化的长期交流中受到了汉族文化的巨大影响，畲族的日常生活习俗与语言都不同程度地渗透着当地汉族文化的成分，并在区位上与汉族文化结成了很深的共生关系。同时，经济发展、制度变革和人口迁移等因素使畲族的生活环境和生活方式发生了改变。现代化的生活气息渗透在畲族的每个角落，它冲击着传统文化，尤其是那些从原始生产劳动、风俗习惯、生活环境中提炼出来的畲族体育，导致了某些传统体育活动发展滞缓甚至消失。

二、现代体育对畲族体育传承与发展的冲击

一个多世纪以来，奥林匹克运动这一特有的以西方体育为主要内容的世界性现代体育急速发展，逐渐占领了我国体育活动的主渠道地位。一些体育部门较重视现代体育，对搞民族传统体育积极性不高，没有把发展传统体育纳入议事日程，因而对少数民族传统体育挖掘整理、开发研究、运动训练等都不能长期有计划地坚持下去，这也是畲族体育生存与发展的空间越来越小的原因。

三、教育体制对畲族体育传承与发展的制约

新中国成立前夕，我国已基本呈现出以西方体育，或者说是以奥林匹克运动会项目为主要内容的体育发展蓝图。新的教育形势无形地异化并更改着我们的体育教育和体育

竞赛。学校较快地接受了包含西方体育内容的教育，体育竞赛的项目选择和组织形式过度追求西方化。以球类运动、田径运动、游泳运动等项目为内容组成的体育运动，基本占据我们国家体育竞赛和学校体育的主战场。

四、理论认识不足对畲族体育传承与发展的影响

畲族体育大多数通过口传身授的方法来传世，缺乏理论根基，加之过去畲族民间体育项目曾被视为“四旧”加以革除，有的活动一度停止并濒临失传。畲族民间传统体育有许多是自成体系、技术性很强的运动项目。为了使畲族传统体育的发展走上科学的轨道，近年来专家、学者对其资料进行挖掘、整理，在保存民族体育文化遗产等方面无疑是有重要意义的。我们在恢复和发展畲族体育项目时，要去掉其中迷信色彩和不科学的因素，为被挖掘、整理出来的畲族体育文化进一步融入现代的理念，并为现代社会所用。

第五节　畲族体育的发展对策

一、以科学的发展观传承和发展畲族体育

畲族传统体育活动源远流长，内涵丰富，我们需要用科学发展的态度对待畲族传统体育文化。要摒弃那些烙上旧时代印记的和落后于时代的内容，发扬那些有益于身心健康、有较高艺术价值、有丰富娱乐教育功能的传统体育活动，加强对畲族传统体育的挖掘整理，加强对畲族传统体育的历史渊源、哲学思想、文化内涵、价值功能、训练方法与竞赛规则、社会化与产业化途径等方面的配套研究，逐步建立起畲族体育的科学理论体系。吸收世界各国和各民族优秀的体育文化成果，使畲族体育更具有开放性。对待畲族体育要以民族的根本利益为出发点，清醒地认识到全球化的过程实质上是民族文化与世界文化不断整合的过程。畲族体育并不是固定的、一成不变的，吸收和融合优秀的世界体育文化，并不会导致畲族体育文化核心价值的改变。在全球化的浪潮中，我们只有充分利用世界文化资源，同时弘扬畲族体育中合理的、有益于补充现代人类生活的因素，才能在提高国际竞争力的同时，避免畲族民间传统体育的流失和消亡。

二、在传统节日、习俗活动中传承和发展畲族体育

在浙江丽水，畲族体育活动每年在农历三月三、九月九和一些畲族传统节日、节庆中开展，如在松阳的板桥、市区的东西岩、景宁的畲乡等许多旅游景点都开展表演和比赛活动。活动项目有稳凳、抄杠、腹顶棍、四角拉力、蹴石磉等。在丽水市大型的活动和晚会中也会出现畲族体育项目的表演，如在畲族风情旅游文化节、丽水摄影节上都能看到。通过各种新闻媒体宣传，通过举办各种民族节日、节庆庆典活动，利用畲族体育活动本身具有的健身、娱乐、教育、竞技等特点，让大家认识、了解、接纳并参与畲族体育活动。竞赛是发展体育事业的有力杠杆，必须充分利用这个杠杆来推动畲族体育活动不断向新的高度发展，使之长盛不衰。除组织参加全国少数民族传统体育运动会外，应定期举办市、县级畲族体育比赛，并与传统民族节日结合起来，这些节日活动对畲族民间体育的普及和提高将起到很大的推动作用。

三、在全民健身活动中宣传和推广畲族体育

畲族体育作为畲族人民传统的强身健体的手段和文化传统的载体，虽然随着历史的变迁和社会的进步，其原来所依赖的社会形态已发生巨变，但是经过发展和完善，可以成为增强民族体质和展示民族精神的文化精华。把畲族体育融入社区体育发展的根本初衷，就是要在发展社区体育、提高全民族身体素质的同时，繁荣畲族体育。另外，一些畲族体育项目如抄杠、腹顶棍、畲族武术和宗教习俗性的传统舞蹈等，既不需要花费大成本来购买硬件设施器材，又为广大人民群众所喜欢。也就是说，把一些畲族体育项目作为社区体育活动内容来发展可以解决目前发展社区体育、群众体育所面临的资金不足的问题，在增强人民体质的同时还可以实现这些项目的长期发展和广泛流传。畲族体育与全民健身有机结合是发展畲族传统体育的最佳途径。

四、把畲族体育融入学校体育教育和校园文化建设中

《中华人民共和国教育法》将教育方针规定为："教育必须为社会主义现代化建设服务、为人民服务，必须与生产劳动和社会实践相结合，培养德智体美劳全面发展的社会主义建设者和接班人。"畲族传统体育文化要发展，学校是重要的实践基地，是关键所在。在大、中、小学校中开展畲族传统体育活动，不仅可以继承和发扬传统体育文化资源，而且可以增进民族团结，提升民族自信心与自豪感，增强民族凝聚力，有利于营造良好的民族体育文化氛围。同时，在学校的体育教学中开展畲族传统体育活动，体育教师可以在教学实践中用体育科学的原理对畲族传统体育的比赛规则、器材设施等方面进行改进，从而继承与发展畲族传统体育中富有生命力的部分，创造畲族传统体育所缺而又为现代生活所必需的新成分。这样既丰富了畲族传统体育的文化思想内涵，又使它成为一种更合理、更科学、更富有时代性的民族传统体育。例如，丽水学院把畲族传统体育项目融入教学中，并有多个畲族体育项目代表浙江省队参加了多届全国少数民族传统体育运动会，取得好成绩。

五、大力推进畲族体育产业化，突出畲族体育的民族性

畲族体育文化是畲族文化的重要组成部分，也是畲族聚居地区文化产业化建设的一个重要资源。要使这些潜在的资源转化为现实的财富，应促进畲族体育朝社会化、产业化方向发展，促进畲族传统体育文化与经济发展紧密结合。在推进畲族传统体育产业化的过程中，其中一个重要的内容是发展畲族体育旅游。畲族体育是一种寓竞技性和技巧性、游戏娱乐性、艺术观赏性、趣味参与性于一体的综合体育活动，以此为载体的旅游，

既可让旅游者欣赏畲族体育舞蹈，又可让旅游者欣赏由畲族运动员表演的精彩畲族体育项目，并参与其中，体验畲族体育带来的生活情趣。我们不仅要挖掘独具特色的畲族体育旅游资源，更重要的是利用畲族聚居地区独特的地理环境，创造性地开发畲族体育旅游特色项目。每一项畲族体育活动都有一个神奇而动人的故事，把畲族体育活动和畲族的风土人情，如婚俗、节日庆典等相结合，把畲族体育和自然资源相结合，打造畲族自己的旅游品牌，把畲族风情、畲族体育、畲族传统文化融为一体，传承和发展畲族体育文化，为畲族聚居地区的经济发展作贡献。

这样，我们既可以借助畲族体育旅游搞活经济，又使得畲族传统体育在旅游活动中得到传承发展。例如，全国唯一的畲族自治县——浙江省丽水市景宁畲族自治县，充分利用畲族风情文化，打造畲乡风情旅游，使人们既能领略到畲乡极富特色的民族风情和山水之美，又能感悟到畲族传统体育文化，以体育旅游推动畲族传统体育的发展，促进畲乡经济发展。

第六节　畲族体育项目的挖掘和整理

一、习俗性体育项目

（一）打枪担

打枪担是畲族同胞模拟上山挑柴等生产劳动动作，并以劳动工具为道具和乐器，经过艺术加工和升华而形成的一项畲族体育项目。打枪担这一项目的形式是：参加活动的人数成双数，一般为 8 ～ 16 人，在劳动之余或传统节日，人们身着节日服装，组成两路队形，每个人一手拿挑柴火的棍子，一手持柴刀，在行进中以刀敲棍，口唱畲族民歌，伴着民歌的节拍，敲打出“哒哒哒”的节奏声，其声赏心悦耳。人们边敲边舞，时而在胸前、肩上敲棍，时而在身前、体侧敲棍，跳着不同的舞步，协调配合，动作简单、朴实、优美，整个活动持续七八分钟，其活动场面洋溢着欢乐的气氛。

（二）敬茶舞

敬茶舞，也称敬酒舞。把赴“佳酒期”的八位客人迎进大厅后，主人双手捧出茶盘，从后面以半跪式的舞蹈动作至厅中，先敬天地，接着敬祖宗，然后按客人的辈分大小，左送一杯，右送一杯，左右穿梭地跳着敬茶舞。敬茶舞毕，又同样左右穿梭地舞着，将酒盅一一收回。

（三）擦红脸

擦红脸源于畲家婚礼中的“擦乌脸”。在村口的狭窄处，与新娘同村的姑娘们相互配合，戏耍伴郎，并在伴郎的脸上抹上锅灰，双方互比高低，十分有趣。

（四）登山

登山是畲族最喜爱的运动项目。在农历正月十五、三月三、夏至后的“分龙节”、九月九等传统节日，畲族人都身穿色彩鲜艳的服装参加登山运动。登山运动有两种形式：一是群众性的登山。每年农历三月三、九月九都有登山联欢活动，这种传统运动代代相传，是畲族同胞盛大节日中的重要活动之一。畲民大多是登村庄邻近的山峰，登山人数，少者有几十人，多者上千人。登山者登上山顶后，观赏山景，盘答山歌。在霞浦、福安等地，在登山者登到山顶时，各村寨另精选五男五女组成十全队，十全队再攀登新高峰，称赴蟠桃会，最先到达峰顶的十全队，将得到摆在那里的“仙桃”“仙酒”，夜间篝火通明，直到第二天观日出后才返回。二是登山比赛。大多选择海拔在 600 米以上的高山，不分地域，不论男女老少，甚至路过的行人都可以参加。登山这日的清晨，人们来到登山的起点，比赛一开始就很激烈，参加者为了先到达山顶，争先恐后，越沟跨堑，攀登峻岭，观光的人群也跟着上山助兴，最先到达山顶的优胜者将受到奖赏。人们都到达山顶之后，就开始盘歌对唱，歌声此起彼伏，洋溢着欢乐的气氛。登山在比赛后就变成了一场盛大的文娱联欢会。

二、竞技性体育项目

（一）蹴石磉

“石磉”即石块。石块可选用扁圆、底面光滑的，大可数百斤，小则几斤几十斤，以人力大小而定。蹴石磉一般在石铺的街道上进行。少年多为两人一组，由一人在另一人背后挽其臂，抱其胸，让其双脚稳踩石磉，斜挺腰杆，然后合力推动石磉前进。脚踩石磉者称“健杆”。青壮年蹴石磉为三四人一组，一人为“健杆”，另外两人或三人手抬杠子，让“健杆”仰面斜躺，双脚踩石磉，伸腿挺腰，把稳方向，将百斤、数百斤的石磉飞快地向前推进。也有不用杠的，就由两人分握着“健杆”的左右手往前拉，四臂成了一根曲杠子。蹴着石磉快速前进的称“炒豆”，慢慢滚动的叫“熬油”。还有两阵势均力敌，相向而动，让石磉猛烈碰撞的叫“对磉”。对磉的一方如果石磉被撞到街道的一边，就输了。有时“健杆”身子一斜，抬杠的乱了脚步，“健杆”仰翻在被磨得发烫的街道上，观看者就连声喊着“烙豆腐啦，烙豆腐啦”，意谓像豆腐一样碰撞不得。此时，“健杆”就会羞得满脸通红。观众对获胜一方报以热烈的掌声和鞭炮，这当然十分光彩。项目因源于景宁大均畲族乡，加工整理后，作为畲族体育项目参加 2002 年全国少数民族传统体育运动会，并获得二等奖。

（二）踩石球

踩石球由蹴石磉发展而来。活动时，运动员站在 20 余千克重的圆石球上，前后踩动石球，运动自如，又不至于掉下来。该项运动要求运动员具有较强的平衡能力和力量、灵敏性、耐力素质。项目分为接力比赛和角力比赛。

踩石球接力赛分甲、乙两队，每队男女各两名运动员。每队前方 25 米处，插有鲜花的标志杆为终点。比赛开始，各队第一名女运动员手持小旗，一脚站于起点线后，另一脚踩在石球上，下令后，双脚立即站上石球，快速向前踩动。到终点时，将小旗插进旗杆，换回鲜花，又背向踩动石球，回到起点处，转身将花交给第二名女运动员。后者接着踩球前进，这样依次进行（第三、第四名男运动员途中增加一坡度），以先完成为胜。

踩石球角力赛在一个直径 1.5 米的圆圈内进行。由两名运动员双手置于背后，各踩一石球与圆圈中心相靠。下令后，两人开始踩动石球，力争将对方石球挤出圈外，或使对方失去重心而落地，被挤出圈外或人落地者为败。比赛采用三局两胜制。

（三）打尺寸

打尺寸是流传于浙江、福建一带的畲族体育活动。其中，流传于浙江的活动形式如下：比赛分甲乙两队，每队男女各两人，并确定好1～4号进攻手。比赛在长18米、宽9米的场地内进行，在场地的一端放三块木砖呈三角形，为地堡。比赛开始由甲队1号选手为进攻手，手持小木棒，将架在地堡上的小竹棒向场内击去。分布在场内的乙队队员力争将竹棒接住或将其挡回限制线，如竹棒被接住或挡回限制线，攻方1号选手即被淘汰，换2号进攻手进攻。如未接住，乙方队员就在棒的落地点，将棒捡起，再力争将架在地堡上的小竹棒打掉，攻方1号进攻手仍被淘汰；如打不倒，就丈量尺寸（丈量方法是用落地的小竹棒量向地堡前一角中点的距离，以一棒为一尺，不足一尺不计成绩），量得的尺寸为攻方所得成绩。这时1号进攻手还可以继续打第二棒。第二棒的打法是用一手持小木棒，并用同一手持小竹棒的一端，使小竹棒另一端与地面垂直，手离小竹棒后将其打出，乙队又采用以上方法接棒或回击。如尚未淘汰，就继续打第三棒。第三棒的打法是，将小竹棒架在地堡前一角的地砖上（一头着地）打击。如还未淘汰，则重复前三种进攻打法，直至被淘汰。待四名进攻手全部淘汰，再换乙队进攻，甲队防守，打法同上。最后以进攻三轮的成绩决定胜负，以打的尺寸多的队为胜方。

流传于福建的活动形式如下：一人站在直径约2米的圆圈内，右手持一根30～40厘米的棍子（即“尺”），左手拿一根筷子长的竹条（即“寸”），以“尺”将“寸”打出圈外，站在圈外的一伙人在“寸”落地前争取接住它，再投向圈内，圈内的人可再以“尺”将“寸”击出，或用手接住。谁使“寸”落地，谁便输了。

还有一种与打羽毛球相类似的活动形式如下：用长约45厘米、直径约2厘米的小木棒（即“尺”）击打长约30厘米、两头缠有鸡毛的小竹棒（即“寸”）。比赛在长16米、宽8米的场地内进行，场地中线拉一绸带，离地约50厘米。两队各派出两名运动员，分别占半个场地，开始由一方进攻，将竹棒击向对方场地，对方队员又力争将棒击回。这样可来回打数次，直至小竹棒落地，小竹棒落在哪一方场地内，哪一方为败，算另一方得分，并由失分队再次发起进攻，最后以先得10分者为胜。比赛一般用三局两胜制。

（四）赛海马

赛海马是流行于我国沿海地区（如厦门钟宅、霞浦、福鼎）的一项结合生产劳动的畲族体育项目。每当海水退潮，人们在沙滩上用长约1米、宽约40厘米的木板（即“海马”，又叫“滑溜板”），一人一板，一只脚踏在板上，另一只脚使劲蹬地向前滑行到海。这既是一种海上生产劳动，又是一种体育活动。在比赛时，参赛者一只脚踩在一块木板上，另一只脚使劲蹬地向前滑行，比速度、比负重、比花样，形式多种，先到终点者为胜。此外，比赛者在滑行时常做出一些优美动作。赛海马活动既可以锻炼身体、增强体质，又可用于海上求生。

（五）抄扛

抄扛不受场地和人员的限制，但难度大，需较高的技巧和较强的毅力。畲民在田间劳动休息之际或茶余饭后，以此来比技巧、决毅力。比赛时，可以分组进行决胜负，也可以进行接力赛，并且还可以两人在一块长 4 米、宽 20 厘米的木板上，单脚支撑，手握一根约 2 米长的棍子的两端，相互对顶。

三、健身性体育项目

（一）法山拳

法山拳是流行于浙江龙泉一些畲村的传统武术项目，相传起源于畲族祖居的潮州凤凰山。原龙泉县民族科将它整理成“笛子舞”，节奏明快，动作粗犷，刚柔相济，颇为优美。

（二）蓝技拳

蓝技拳为明嘉靖年间广东大埔畲汉起义军领袖蓝松三所创。蓝松三曾拜师习武，苦练拳脚。他聪明过人，总结各派技法，创造了非凡的蓝技拳，名噪一时。清初，广东揭阳陈鉴山学习蓝技拳，并精心研究，将其加工整理成完整套路。蓝技拳有四步、削竹、龙车水、云肩、中拳等套路，拳貌为马低腰低，手住力聚，脚来手到，能守善攻，硬如钢珠，软如糯糕。

（三）洪拳

明末，畲族钟氏兄弟钟元顺、钟元道父母双亡，故流浪求乞，后加入洪拳班马戏团练习拳术。清初，钟氏兄弟以打拳卖药为生，并在福建南靖县山城镇三下村设馆习武，从此代代相传。洪拳十八般武艺，套路齐全，刚劲有力，低马低势、马低根固，防守严密，给人以凶猛的感觉。

（四）八井拳

八井拳流传于福建罗源县的八井村，当地人称练武为“打拳头”。传说，明成化年间，广东迁来的雷安和、雷安居兄弟擅长武术，父子相承，演变成俗。八井拳攻防套路完整，特点鲜明，有半龙虎、虎装、五虎、七星、十八罗汉等动作，每个动作有攻有防、攻防结合、节奏分明、步伐稳健、短促实用。

（五）畲族拳

清雍正年间，泉州少林寺惨遭劫难，寺被焚毁，僧侣被杀，流落逃难的武僧林铁珠几经转辗，孑身逃到福安，善良的畲民将铁珠收留于山峦偏僻、地势险峻的金斗洋。为报仇雪恨，铁珠卧薪尝胆，收徒习武。当时的雷朝宝已练就祖传武功，在铁珠指教下，如虎添翼，高师一筹，被誉为“虎豹师傅”。铁珠病故后，雷朝宝融盘瓠功夫和少林武功于一体，衍化出技术性强、极具健身价值、风格独特的畲族拳。

（六）盘柴槌

盘柴槌是流行在福建福鼎的民间武术，又称“齐眉杖”。柴槌有两种：一种长一丈二尺（约 4 米），单人耍弄，称“中栏”；另一种长七尺（约 2.3 米），双人对打，叫“盘槌”。盘槌的每个动作都有攻有拦、攻拦结合，攻时以击对方，拦时以防对方，保护自己，步伐稳健，有快、猛、活的特点。

（七）插竹把

插竹把是将许多小竹子扎捆成把，竖靠于墙，习者用掌尖往里插，插入后迅速抓住少量下竹往外拉。这种练习需具有一定的“铁砂掌”基础。待练到一定程度，可逐渐扎紧竹把以提高练习的难度。这种功法可练掌指“插”的难度和插入往外“拉”的力量，它是畲族拳所独具的指、掌硬功训练方法。

（八）连环拳

连环拳在浙江景宁一带流传，据称源于祖宗大相师的拳花、棍花等。拳花有四门拳、五步拳、七步拳、金子拳、绊子拳五个环节。棍花有四门棍、双头棍、交子柴、折花棍四个环节。

四、娱乐性体育活动

（一）竹林竞技

竹林竞技是畲族独特的体育活动，在山地毛竹林中，以爬竹竿和射箭最吸引人。许多人爬竹竿只用手不用足，而且有的参赛者还是倒立向上爬，动作敏捷得像猿猴一般。射箭要比赛射飞行中的斑鸠。

（二）考（瞄准）龟

福建漳浦湖西畲族乡丰卿村时常在春节、元宵节举办这项活动。畲民取新瓦片，贴上一块红纸作靶，靶距 100 ～ 200 米，参加者手举火药铳枪射靶，中靶者可得一块甜米

“龟”（糯米磨成粉制成龟状，内包甜豆馅，蒸熟可食）。

▸ 思考与练习

1. 畲族体育形成的影响因素是什么？
2. 畲族体育的文化特征是什么？
3. 畲族体育中哪些项目可以通过挖掘和整理，进一步提高规范？

本章思政元素

在推动中华优秀传统文化创造性转化、创新性发展的过程中，要坚持马克思主义的根本指导思想，传承弘扬革命文化，发展社会主义先进文化，从中华优秀传统文化中寻找源头活水。畲族体育文化丰富，有利于激发学生深入了解畲族文化的动机和兴趣。畲族还有很好的革命传统，学习革命精神、增强爱国情怀，传承、弘扬、践行优秀文化，会对学生产生潜移默化的影响，最终使其树立文化自信。

第四章　蹴石磉

▶ **内容提要**

本章主要介绍蹴石磉运动的起源、发展概况，着重分析蹴石磉运动的基本技术动作特点和蹴石磉运动的教学方法，阐述蹴石磉运动竞赛规则和蹴石磉运动竞赛裁判法。

第一节　蹴石磉运动概述

蹴石磉，原名“操石磉”，是一项古老的畲族民间传统体育项目。每逢丰收或节庆日子，畲族人便聚集在街头，开展精彩热烈的蹴石磉表演活动。

为使该活动更加规范、合理，更具推广价值，2002 年开始，相关部门对蹴石磉运动进行进一步挖掘、整理，并对原项目作了较大改进、创新。一是对运动器材的改进。以木制“石磉”代替卵石或石制“石磉”。原先的石磉有许多不足之处，如笨重，容易造成场地、器材损坏，更不宜在现代的体育场馆内表演、竞赛。而且，符合活动要求的卵石或石制品不易找到，制约了该项目的广泛开展。而改进后的木制“石磉”，具有容易制作、不易损坏、方便携带、场地适应性强等优点。二是对运动技术的改进。原先的蹴石磉活动技术较为单一，改进后的技术更为规范、全面。在传统蹴的基础上，又增加了撑杠蹴、夹杠蹴、磉上蹴等。三是对活动形式的改进。原先的活动，仅仅是一种娱乐形式，改进后具有了现代体育的特征，包括石磉竞速、石磉对抗、石磉竞艺，并制定了较为完善的竞赛方法、规则等。四是对名称的改进。将原名蹴石磉的“操”改为“蹴”，概念更为准确、合理。

蹴石磉运动，技术动作简单易学，活动形式丰富多样，不受年龄、性别限制，具有较强的竞技性和趣味性，适合在各级各类和不同地域的群体中推广。经常参加蹴石磉活动，能有效地发展力量、速度、灵敏性、协调性等身体素质。

2002 年 10 月，新开发的蹴石磉项目参加浙江省少数民族传统体育运动会选拔赛，荣获表演项目比赛二等奖；参加 2003 年第七届全国少数民族传统体育运动会，荣获表演项目比赛二等奖。在 2015 年第十届全国少数民族传统体育运动会中，荣获表演项目比赛一等奖。在 2019 年第十一届全国少数民族传统体育运动会中，荣获表演项目比赛二等奖。2022 年，该项目参加第七届浙江省民族传统体育运动会，荣获表演项目比赛一等奖，并代表浙江省参加 2024 年第十二届全国少数民族传统体育运动会比赛。

第二节　蹴石磉运动基本技术

蹴石磉运动技术主要包括传统蹴、撑杠蹴、夹杠蹴、磉上蹴四种。

一、传统蹴

传统蹴

传统蹴是指动作相对较为简单、原始的一种蹴法，分为传统前蹴和传统后蹴两种。

（一）传统前蹴

传统前蹴是指运动员用一脚支撑地面，另一脚向前蹴动石磉的一种技术。前蹴的方法主要有单脚前蹴、双脚前蹴、单人前蹴、双人前蹴四种。

1. 单脚前蹴

单脚前蹴是运动员用固定一脚支撑地面，另一脚向前蹴动石磉的一种方法（如图 4–1 所示）。

动作要领：预备时，面对石磉，支撑腿站在石磉正后方约 40 厘米处，膝关节微屈，摆动腿屈膝、抬腿，以脚跟底部踩在石磉的后中下部。向前蹴动时，上体直立，支撑脚用力蹬踏地面，摆动腿同时用脚跟底部蹬蹴石磉，推动石磉向前。支撑腿和摆动腿要随石磉向前滚动及时跟进并重复前面的动作。为保持石磉快速直线前进，支撑腿要及时调整跟进方向，摆动腿要及时调整蹬蹴石磉的部位。

2. 双脚前蹴

双脚前蹴是运动员用两脚轮换支撑与摆动，向前蹴动石磉的一种方法。动作要领同单脚前蹴，唯两腿轮换支撑和摆动，左、右脚交替向前蹬蹴石磉。

3. 单人前蹴

单人前蹴是一人独立完成单脚或双脚前蹴石磉的一种方法。动作要领同前。

4. 双人前蹴

双人前蹴是由两人协同配合向前蹴动石磉的一种方法（如图 4–2 所示）。

动作要领：预备时，两人并排面对石磉站立，分别用内侧手扶对方后腰处，每人以左（右）腿为支撑腿站在石磉后方约 40 厘米处。右（左）腿为摆动腿，以脚跟底部踏在石磉中下部。向前蹴动石磉的动作要领基本同单人前蹴。唯一要注意的是需要两人协调配合，包括蹬蹴石磉的力度、部位、快慢节奏、方向等。

图4-1　单脚前蹴

图4-2　双人前蹴

（二）传统后蹴

传统后蹴是指运动员用脚向身后蹴动石碡的一种技术。后蹴的方法有单脚后蹴、双脚后蹴、单人后蹴、双人后蹴四种。

1. 单脚后蹴

单脚后蹴是运动员用固定一脚向后蹴动石碡的一种方法。

图4-3　单脚后蹴

动作要领：预备时，背对石碡，支撑脚站在离石碡约 40 厘米处，摆动腿屈膝，后摆，以脚前掌踏在石碡中下部，上体稍前倾，低头，视线能从两腿间用余光看到身后石碡（如图 4-3 所示）。蹴动时，上体前倾，支撑脚开始蹬踏地面，摆动腿同时用脚前掌部位蹬推石碡后滚动。随石碡滚动的速度、距离变化，两腿要及时后退跟进、重复前面动作。为保持石磙快速直线滚动，两腿要及时地调整蹬踏地面和石磙的部位。

2. 双脚后蹴

双脚后蹴是运动员用双脚轮换向后蹴动石磙的一种方法。动作要领同单脚后蹴，唯两腿轮换支撑和摆动，左、右脚交替向后蹬推石磙。

3. 单人后蹴

单人后蹴是由一人完成单脚或双脚向后蹴动石磙的一种方法。动作要领同前。

4. 双人后蹴

双人后蹴是由两人互相配合向后蹴动石磙的一种方法。

动作要领：预备时，两人背对石磙内侧手互握，身体稍前倾，内（外）侧腿支撑于离石磙约 40 厘米处，外（内）侧腿为摆动腿，以脚前掌踩踏于石磙中下部，低头，眼睛余光能注视到身后石磙方向。向后蹴动时，其动作要领基本同单人后蹴，唯一要注意的是两人的协调配合，包括蹴推的力度、节奏、方向、部位等。

二、撑杠蹴

撑杠蹴是一人用双臂撑在由另两人抬着的竹杠上，用双脚向后蹴动石磙的一种方法（如图 4–4 所示）。它实际上是由三人协同配合完成动作的一种运动方式。

动作要领：预备时，两人双臂在胸前抬一竹杠两端，面向石磙，站在石磙两侧后方；磙上蹴运动员背对石磙双臂胸前平屈，双手握杠，双脚踏于石磙中下部。蹴动时，主要利用下肢的连续蹬踏动作，使石磙向身后滚动。两名抬杠者必须随石磙滚动的速度而不断跟进，使磙上蹴运动员不落地连续蹬蹴石磙前进。

三、夹杠蹴

夹杠蹴是一人用双臂（肘）夹住由另两人抬着的竹杠，用双脚向前蹴动石磙的一种方法（如图 4–5、图 4–6 所示）。它同样需要三人协同配合来完成。

动作要领：预备时，两人双臂抬竹杠的两端，面向石磙，站于石磙两侧后方；磙上蹴运动员面向石磙，双臂侧屈用双肘夹杠于身后，双脚踏于石磙中下部。蹴动时用下肢连续协调的蹬推动作，使石磙向前滚动，抬杠者必须随石磙滚动的速度及时跟进，使磙上蹴运动员不落地连续不断地蹬蹴石磙前进。

图4-4　撑杠蹴

图4-5　夹杠蹴（1）

图4-6　夹杠蹴（2）

四、磉上蹴

磉上蹴是指运动员下肢不直接接触地面，也没有他人协助，直接蹴动石磉的一种技术。磉上蹴的方法主要有单人前蹴、单人后蹴、双人前蹴、双人后蹴、双人前后蹴五种，此外还有三人前蹴、磉上单人跳绳、磉上三人配合跳绳、石磉架上蹴等等。

（一）单人前蹴

单人前蹴是一人独自在石磉上完成向前蹴动石磉的一种方法（如图 4-7 ～图 4-10 所示）。

动作要领：预备时，面对运动方向，双脚立于石磙顶部，眼睛正视前方，用余光看石磙。蹴动时，上体直立或稍后仰，膝微屈，利用下肢连续协调的蹬推动作，使石磙向前滚动。

图4-7 单人前蹴（1）

图4-8 单人前蹴（2）

图4-9 单人前蹴（3）

图4-10 单人前蹴（4）

（二）单人后蹴

单人后蹴是一人独自在石磙上完成向后蹴动石磙的一种方法。

动作要领：预备时，背对运动方向，双脚立于石磙顶部眼睛正视前方，用余光看石磙。蹴动时，上体稍前倾，利用下肢连续协调的抓扒动作，使石磙朝身后方向滚动。

（三）双人前蹴

双人前蹴是两人踏于石磙上，完成向前蹴动石磙的一种方法（如图 4–11、图 4–12 所示）。

动作要领：预备时，两人相互扶腰，面对运动方向，并排站立于石磙顶部。蹴动时，两人需要协同配合，利用下肢的蹬推动作，使石磙向前滚动。

图4–11　双人前蹴（1）

图4–12　双人前蹴（2）

（四）双人后蹴

双人前蹴与后蹴

双人后蹴是两人踏于石磙上，完成向后蹴动石磙的一种方法。

动作要领：预备时，两人背对运动方向，并排站于石磙顶部，两人内侧手互握。蹴动时，两人需要协同配合，利用下肢连续协调的抓扒动作，使石磙朝身后方向滚动。

（五）双人前后蹴

双人前后蹴是两人逆向并排站于石磙上，完成前后蹴动石磙的一种方法。

动作要领：预备时，一人面对运动方向，一人背对运动方向，两人并排站于石磉顶部。蹴动时，面对运动方向者做前蹴石磉动作，背对运动方向者做后蹴石磉动作。两人协同配合完成动作。

（六）三人前蹴

三人前蹴是三人踏于石磉上，完成向前蹴动石磉的一种方法（如图 4-13 ～图 4-15 所示）。

动作要领：预备时，三人相互扶腰，面对运动方向，并排站立于石磉顶部。蹴动时，三人需要协同配合，利用下肢的蹬推动作，使石磉向前滚动。

图4-13 三人前蹴（1）

图4-14 三人前蹴（2）

图4-15 三人前蹴（3）

三人前蹴与后蹴

（七）磉上单人跳绳

磉上单人跳绳

磉上单人跳绳是一人独自在石磉上完成跳绳动作蹴动石磉的一种方法（如图 4–16、图 4–17 所示）。

图4–16　磉上单人跳绳（1）

图4–17　磉上单人跳绳（2）

动作要领：预备时，双脚立于石磉顶部，眼睛正视前方。在石磉上跳绳时，可原地也可向前蹴。

（八）磉上三人配合跳绳

磉上三人配合跳绳是三人在石磉上完成跳绳动作蹴动石磉的一种方法（如图 4–18 ～图 4–20 所示）。

动作要领：预备时，双脚立于石磉顶部，在石磉上三人配合跳绳。

（九）石磉架上蹴

石磉架上蹴是单人（如图 4–21 ～图 4–23 所示）、双人（如图 4–24 ～图 4–26 所示）或三人（如图 4–27 ～图 4–29 所示）在石磉架上完成蹴动石磉的一种方法。

动作要领：预备时，双脚立于石磉顶部，眼睛正视前方，在石磉架上向前向后蹴动石磉。

图4-18　磉上三人配合跳绳（1）

图4-19　磉上三人配合跳绳（2）

图4-20　磉上三人配合跳绳（3）

磉上三人配合跳绳

图4-21　单人石磉架上蹴（1）

图4-22　单人石磉架上蹴（2）

图4-23　单人石磉架上蹴（3）

单人石磉架上蹴

图4-24　双人石磉架上蹴（1）

图4-25　双人石磉架上蹴（2）

图4-26　双人石磉架上蹴（3）

双人石磉架上蹴

图4-27　三人石磉架上蹴（1）

图4-28　三人石磉架上蹴（2）

图4-29　三人石磉架上蹴（3）

三人石磉架上蹴

第三节　蹴石磉运动教学与训练

一、传统蹴石磉

（一）学习传统蹴石磉技术

①原地做无石磉的单（双）脚、前（后）蹴模仿动作练习。主要体会摆动腿的小腿蹬伸和勾脚蹬踏动作。

②行进间做无石磉的单（双）脚、前（后）蹴模仿动作练习。主要体会支撑腿与摆动腿的协调配合。

③两人一组，一人迎面踩住石磉，一人原地做单（双）脚、前（后）蹴石磉动作练习。主要体会支撑腿的站位，摆动腿的脚与石磉接触的部位。

④单脚慢速前蹴石磉动作练习，要求蹬踏部位、姿势正确，支撑腿跟进及时，石磉滚动方向正直。

⑤单脚慢速后蹴石磉动作练习，要求同④。

⑥双脚慢速前蹴石磉动作练习，要求支撑腿与摆动腿协调配合，蹬蹴石磉部位正确，石磉滚动方向正直。

⑦双脚慢速后蹴石磉动作练习，要求同⑥。

⑧ 20 ～ 30 米快速单脚前（后）蹴石磉动作练习。

⑨ 20 ～ 30 米快速双脚前（后）蹴石磉动作练习。

⑩ 50 ～ 100 米加速单脚前（后）蹴石磉动作练习。

⑪ 50 ～ 100 米加速双脚前（后）蹴石磉动作练习。

⑫双人单脚前（后）蹴石磉动作练习。

⑬双人双脚前（后）蹴石磉动作练习。

⑭迎面蹴石磉接力赛练习。

（二）易犯错误与纠正方法

1. 易犯错误

①前蹴时绷脚，用脚尖或脚背蹴石磉。

②前后蹴时石磉滚动方向偏离。

2. 纠正方法

①多做勾脚模仿蹴石礤动作练习。

②反复在固定的石礤上，用脚跟底部踩蹴石礤练习。

③在石礤上画出蹬蹴部位的标记，多做原地或行进间蹬蹴标记部位的前后蹴石礤练习；并注意两脚用力均匀。

④沿直线做前后蹴石礤练习。

二、撑杠蹴石礤

（一）学习撑杠蹴石礤技术

①两人抬杠，撑杠蹴运动员双臂胸前屈肘，做手撑杠动作练习。主要体会抬杠、撑杠动作。

②两人抬杠，撑杠蹴运动员体前撑杠，在原地做无石礤的后蹴石礤动作的模仿练习。主要体会双臂撑杠和双脚向后轮换蹬、踏动作。

③两人抬杠，礤上蹴运动员撑杠，在固定的石礤前做礤上蹴动作练习。主要体会双脚蹴踏石礤的正确部位与协调配合。

④慢速撑杠后蹴练习，要求石礤滚动方向正直，抬杠者与蹴石礤者协调配合。

⑤ 20 ～ 30 米加速撑杠后蹴石礤练习，要求节奏逐渐加快，抬杠者及时跟进配合。

⑥ 50 ～ 60 米快速撑杠后蹴石礤练习。

（二）易犯错误与纠正方法

1. 易犯错误

身体前倾度不够。

2. 纠正方法

远撑杠（下肢距杠 1 米左右），在固定的石礤上做后蹴石礤动作练习。

三、夹杠蹴石礤

（一）学习夹杠蹴石礤技术

①两人抬杠，一人背后夹杠动作练习。主要体会抬杠和夹杠动作。

②两人抬杠，一人背后夹杠，在原地做无石礤的前蹴石礤动作的模仿练习。主要体会夹杠和双脚前蹴石礤动作。

③两人抬杠，一人背后夹杠，在固定的石礤上做前蹴石礤动作练习。主要体会双脚蹴踏石礤的正确部位与协调配合。

④慢速度匀节奏的夹杠前蹴动作练习，要求石磙滚动方向正直，抬杠者与蹴石磙者协调配合。

⑤ 20 ～ 30 米加速夹杠蹴石磙练习，要求抬杠者及时跟进，磙上蹴运动员不落地。

⑥ 50 ～ 60 米快速夹杠磙上蹴练习。

（二）易犯错误与纠正方法

1. 易犯错误

①坐臀塌腰。

②方向偏离。

2. 纠正方法

①多做提臀、立背、挺胸、收腹、直体后夹杠（双脚距杠 80 厘米左右）练习。

②沿直线练习。

四、磙上蹴石磙技术

（一）学习磙上蹴石磙技术

①原地做无石磙的磙上前（后）蹴模仿动作练习。主要体会双脚轮换前（后）推踏、抓扒动作。

②行进间做无石磙的磙上前（后）蹴模仿动作练习。

③在石磙上练习站立。主要提高运动员的平衡能力。

④在固定不动的石磙上做前（后）蹴动作练习。主要体会脚与石磙的接触部位与用力方向。

⑤一侧手扶墙做慢速磙上前（后）蹴动作练习。

⑥一手由人扶持做慢速磙上前（后）蹴动作练习。

⑦慢速独立磙上前蹴练习。

⑧慢速独立磙上后蹴练习。

⑨ 20 ～ 30 米快速独立磙上前蹴练习。

⑩ 20 ～ 30 米快速独立磙上后蹴练习。

⑪ 50 ～ 100 米快速独立前蹴练习。

⑫ 50 ～ 100 米快速独立后蹴练习。

⑬双人磙上前蹴练习。

⑭双人磙上后蹴练习。

⑮前、后蹴穿梭换物接力赛练习。

（二）易犯错误与纠正方法

1. 易犯错误

①动作时始终低头，双眼紧盯石磙。

②快慢不匀，无节奏感。

③方向偏离。

2. 纠正方法

①两人一组，一人在石磙前（距离 5 米左右）带领，一人在石磙上，眼看前人，随前人前进、后退。做前、后蹴石磙练习。

②听教练口令或自叫口令练习。

③多做直线练习。

第四节　蹴石磙运动竞赛规则

一、场地与器材

（一）场地

1. 竞速类场地

①竞速类在平地或田径场上进行。

②跑道总宽度 9.76 ～ 10 米，分道宽为 2.44 ～ 2.5 米，线宽 5 厘米。

2. 对抗类场地

①对抗类在平地或木板地上进行。

②比赛场地为直径 5 米的圆，线宽 5 厘米。

（二）器材

①石磙一般采用硬木质材料加工而成。

②传统蹴的石磙，为空心八角长柱形，长 0.8 米，对角直径 0.5 米，表面板和两端及中间隔板厚 2 厘米。

③磙上蹴的石磙，为圆柱形，长 0.8 米，直径 0.5 米，表面板和两端及中间隔板厚 2 厘米。

二、竞赛种类与项目

（一）竞赛种类

蹴石磙运动竞赛分竞速类、对抗类、竞艺类三种。

（二）竞赛项目

1. 竞速类

①男子 50 米、100 米传统蹴竞速；

②女子 50 米、100 米传统蹴竞速；

③男子 50 米、100 米磙上蹴竞速；

④女子 50 米、100 米磙上蹴竞速；

⑤男子 4 × 100 米传统蹴竞速；

⑥女子 4×100 米传统蹴竞速；
⑦男子 4×100 米磉上蹴竞速；
⑧女子 4×100 米磉上蹴竞速。

2. 对抗类

①男子传统蹴对抗；
②女子传统蹴对抗；
③男子磉上蹴对抗；
④女子磉上蹴对抗。

3. 竞艺类

①男子个人；
②女子个人；
③男子双人；
④女子双人；
⑤男女混合集体。

三、竞赛办法

（一）竞速类

1. 分道跑

所有竞赛项目均采用分道跑。

2. 起跑采用三个口令

（1）各就位

运动员上跑道，并将石磉置于起跑线后，石磉底部不得接触或越过起跑线。

（2）预备

运动员以任何一只脚踏上石磉，另一只脚立于起跑线后地面。

（3）鸣枪

运动员听到枪声后，方可蹴动石磉向前；如属磉上蹴竞速，另一只脚方可离地踏上石磉向前蹴动。

3. 途中跑

在途中跑过程中，必须以脚蹴动石磉向前；双脚必须在石磉上蹴动前进。

4. 终点冲刺

以石磉的任何部分触及终点线，停表。

5. 接力赛跑

按照田径竞赛的规则，在接力赛各棒接力区中线前后各5米的距离画出接力区线，前棒运动员将石礤蹴入接力区，后棒运动员即可在接力区内接棒并接蹴石礤向前。

6. 赛次

如果竞速运动员较多，可分预赛、复赛、决赛三个阶段进行，各赛次结束均按成绩排名参加下一赛次。

7. 计时

不论机械表或电子表，比赛成绩均以十分之一秒作为最小计时单位。

8. 犯规判罚

（1）抢跑

鸣枪前蹴动石礤，如属礤上蹴竞速，立于地面的脚离地即为抢跑。处罚：第一次抢跑给予警告，第二次则取消比赛资格。

（2）途中跑

在礤上蹴竞速中，如出现从石礤上滑落下地，可就近踏上石礤继续向前，但不得蹴动石礤后再上石礤，否则判为犯规。

（3）窜道

直道跑时，窜道后只要不影响其他运动员前进，不作犯规论。弯道跑时，内道窜入外道，只要不影响其他运动员前进，不作犯规论；外道窜入内道，视为犯规。

（4）补赛

比赛中凡是受到犯规运动员的影响未跑出好成绩或未跑到终点时，裁判长可根据情况令其补赛一次。

（5）犯规

其他凡影响他人前进的，均判为犯规。

（二）对抗类

1. 传统蹴对抗

（1）赛制

男女对抗可采用淘汰制、循环制或混合制比赛。

（2）胜制

每场比赛采用三局两胜制，每场比赛时间为3分钟，局间休息1分钟。

（3）比赛开始

当裁判员发出“预备”的口令后，双方运动员用任意一脚踩住置于中线的石礤；当裁判员发出“开始”的口令后，比赛开始。

（4）一局比赛的胜负

比赛开始后，双方力争将石磉蹴出对方半区者为胜。

（5）犯规与处罚

比赛中，双方均不得使用手臂推拉对方，否则，裁判员先予以警告一次；再犯，则判犯规者该局失败。

（6）一场比赛结束

一局比赛规定时间到，记录员鸣哨，主裁判立即宣布该局比赛结束；如该局不分胜负，应重新开始，该局次数不计。

在对抗中，某方运动员先胜两局时，判为比赛结束并胜出。裁判员召集双方运动员到赛场中央，将获胜方的一只手上举，并宣布某方胜，然后双方运动员相互握手，裁判员带领运动员退场。

2.磉上蹴对抗

（1）赛制

男女对抗可采用淘汰制、循环制或混合制比赛。

（2）胜制

每场比赛采用三局两胜制，每场比赛时间为 3 分钟，局间休息 1 分钟。

（3）比赛开始

当裁判员发出“预备”的口令后，双方运动员双脚站上置于中线两端相距 3 米的石磉；当裁判员发出“开始”的口令后，比赛开始。

（4）一局比赛的胜负

比赛中，某方运动员迫使对方运动员身体任何一部分触及地面、石磉出界均为获胜。

（5）犯规与处罚

比赛中，某方运动员不得用手推、拉，用头、肘撞击或用脚踢、绊对方运动员，否则，裁判员判犯规者该局失败。

（6）一场比赛结束

一局比赛规定时间到，记录员鸣哨，主裁判立即宣布该局比赛结束；如该局不分胜负，应重新开始，该局次数不计。

在对抗中，某方运动员先胜两局时，判为比赛结束并胜出。裁判员召集双方运动员到赛场中央，将获胜方的一只手上举，并宣布某方胜，然后双方运动员相互握手，裁判员带领运动员退场。

（三）竞艺类

①抽签排定竞赛次序。

②按运动员表演的动作难度、观赏度来评定成绩。

③每人每组表演时间为 5 分钟。

④评分采用 10 分制。

四、名次排列

（一）竞速类

按成绩排定名次，时间少者，名次列前。

（二）对抗类

胜一场得 2 分，负一场得 1 分，弃权得 0 分。以积分多少排定名次，积分多者名次列前。如两人或两人以上积分相等，看相互间胜负局数比率，大者名次列前；如仍相等，则按该阶段全部比赛的胜负局数的比率排定，比率大者名次列前；如仍相等，则名次并列。

（三）竞艺类

按得分多少排定名次，得分相等，则名次并列。

五、裁判人员及其职责

（一）裁判人员

1. 竞速类

所有裁判人员可参照田径赛裁判人员设立。

2. 对抗类、竞艺类

①裁判长：1 人。

②副裁判长：1 ～ 2 人。

③裁判员：若干人。

④检录员：1 人。

⑤记录员：1 ～ 2 人。

（二）裁判人员职责

1. 裁判长

①比赛前检查场地、器材，了解竞赛日程。

②组织裁判员学习规则、裁判法等，对裁判人员进行分工，领导整个竞赛的裁判工作。

③负责处理比赛中的各种疑难问题。

2. 副裁判长

①协助裁判长领导裁判工作。

②当裁判长因故缺席时，代理其职务。

3. 裁判员

①赛前检查场地、器材。

②赛中严格执行规则，使比赛顺利进行。

4. 检录员

①负责运动员的点名，并按时将运动员带入比赛场地。

②核查运动员号码、组次等。

5. 记录员

①负责登记各场比赛成绩，并抄写到总成绩记录表上。

②排出名次交裁判长审核。

▶思考与练习

1. 简述蹴石礤运动的起源与发展情况。
2. 撑杠蹴与夹杠蹴的动作要领有什么区别？
3. 礤上蹴主要有哪些方法？简述其动作要领。
4. 简述在进行撑杠蹴教学时一般可采用的步骤与方法。
5. 简述学习传统蹴石礤技术易犯的错误与纠正方法。

本章思政元素

蹴石礤项目比较危险，教师要在教学中运用好保护和帮助，使学生在学习中克服困难、相互鼓励，提高团队意识，培养互帮互助、合作共享的精神；培养学生团队精神、集体主义观念，提高学生个人素养。

第五章　稳凳

▶ **内容提要**

本章主要介绍稳凳运动的起源、发展概况，着重分析稳凳运动的基本技术动作特点和教学方法，阐述稳凳运动的竞赛规则和竞赛裁判法。

第一节　稳凳运动概述

稳凳是流传于浙江一带畲族民间的一项传统体育项目。它起源于上古时代，原名“问凳”。当时身染疾病或家受灾难的人们，以“问凳”方式祈求神灵保佑，以期消灾驱邪、保全安宁。具体活动是在三脚架的一条长板凳上，两端各坐一人，上下翘动板凳，同时左右旋转，边问边答，答者告知除病的消灾方法。“问凳”故而得名。随着社会的发展进步，这项活动逐步演变为带着浓厚体育色彩的传统体育项目。1987 年开始，体育工作者对其进行进一步挖掘、整理、改进，同时将“问凳”改名为“稳凳”。此后从没停止过对稳凳项目的继续开发和研究，包括对稳凳的器材、动作、运动方法等进行了多次改进，使该项目更具有民族性、健身性、竞技性、观赏性、普及性，深受广大民众的青睐。

稳凳活动形式主要是由 2 ～ 4 人在转翘的器械上做各种身体练习、竞赛或表演。主要技术动作包括抓、摆、蹬、摇、翻、挺、屈、仰、投、抛等。竞赛或表演的形式主要有两种：一是稳凳套圈，方法是参与者分别站在凳的两端，手持板凳扶手，上凳后，在快速转翘板凳的过程中，将地上的 10 个小圈逐个捡起，并套进离凳 3.5 米处的标志杆中，最后以套中多者为胜。二是稳凳插旗，方法是竞赛者每人手持一彩旗，上凳后在快速转翘板凳的过程中，将旗插入离凳 0.6 米处的标杆内，先插上者为胜。

稳凳活动具有较强的健身性、竞技性、娱乐性、表演性、教育性，以及较高的传承民族文化和促进经济发展等价值，现已被丽水学院及丽水部分民族中小学列为体育教学和竞赛内容。

稳凳项目曾代表浙江省参加第四至第八届全国少数民族传统体育运动会和全国第三届农民运动会，均获表演赛金奖。

第二节 稳凳运动基本技术

稳凳运动基本技术主要包括上凳、凳上动作、下凳三部分。

一、上凳

上凳是指运动员登上离地一定高度的稳凳凳面的方法，根据凳的高矮或运动员运动水平的高低，其技术分为直接上凳和跑动上凳两种。

（一）直接上凳

直接上凳适合初学者或在矮凳（高 1.2 米以下）上使用。

动作要领：预备时，左手扶凳板，右手抓握板凳前扶手（如图 5–1 所示）。上凳时，上体侧前倾，左腿用力蹬离地面，同时右腿以髋为轴，直腿后摆，越过后扶手（如图 5–2 所示），分腿骑坐于凳上（如图 5–3 所示）。

图5–1 直接上凳（1）

图5–2 直接上凳（2）

图5–3 直接上凳（3）

（二）跑动上凳

跑动上凳

跑动上凳是指运动员通过助跑（走）的方式登上稳凳凳面的方法。

动作要领：预备时，左手扶凳，右手抓握前扶手。上凳时，双方运动员先按逆时针方向跑动 3 ～ 5 步后，左腿用力蹬地，右腿后摆，越过后扶手分腿骑坐于凳上。

二、凳上动作

凳上动作是指运动员上凳后所做的各种技术动作，有转翘板凳、套圈、分腿骑坐套圈、单挂膝挺身套圈、双扣腿后仰套圈等。

（一）转翘板凳

转翘板凳是指运动员上凳后，通过双脚不停地蹬踩地面，使板凳沿逆时针方向转翘的方法。这是做好稳凳凳上动作的基础，是稳凳运动员必须掌握的基本技术。

动作要领：上凳后，以左脚前掌内侧和右脚外侧，依次蹬踏地面，使板凳按逆时针方向转翘，转翘的速度取决于运动员蹬地的力量，力量越大，转速越快（如图 5–4、图 5–5 所示）。

图5–4　转翘板凳（1）

图5–5　转翘板凳（2）

（二）套圈

套圈是指运动员在一定时间内，在快速转翘稳凳的状态下，将一定数量的小圈套向离凳 3.5 米处的标志杆的方法，以套中多者为胜。

动作要领：用右手大拇指、食指、中指握圈，无名指、小指自然卷曲、附后，将圈持在胸前，与地面水平（如图 5–6 所示）。套圈时，通过向前伸臂、后屈腕和展指的力量将圈抛出（如图 5-7 所示），使圈以平面顺时针方向转动，向前飞行。整个动作要求协调、柔和。

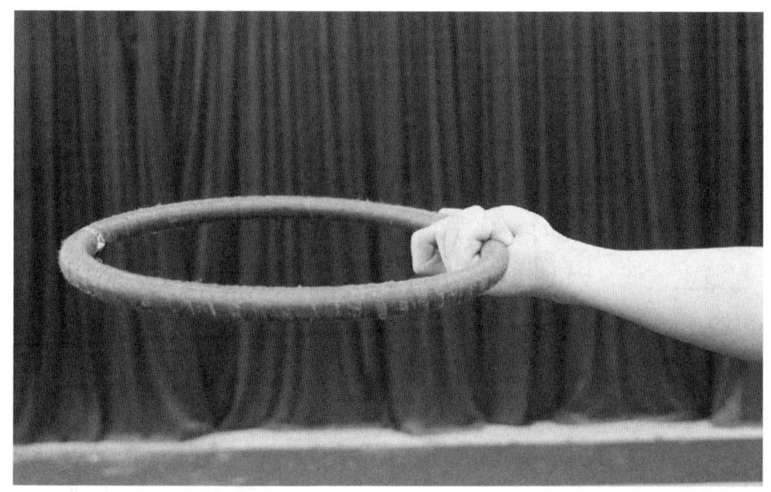

图5-6 套圈（1）

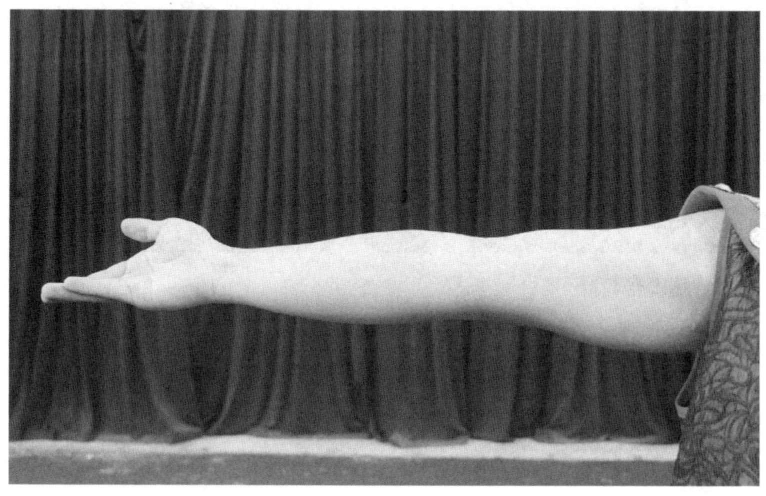

图5-7 套圈（2）

（三）分腿骑坐套圈

分腿骑坐套圈是指运动员上凳后呈分腿骑坐姿势，在快速转翘稳凳的过程中，将小圈套进距凳 3.5 米处的标志杆的方法（如图 5-8 所示）。这是最基础的凳上套圈动作，是初学者必须掌握的基本技术。

动作要领：用力蹬地，使稳凳快速转翘后，左手握前扶手，右手持圈，当板凳转、翘接近最高点时，与目标（标志杆）成约 30° 角时，上体右转，通过伸臂、后屈腕和手指的柔和力量将圈抛出。

（四）单挂膝挺身套圈

单挂膝挺身套圈是指运动员在凳上采用侧身翻下呈单挂膝挺身姿势并将地上的小圈捡起，套进标志杆的方法（如图 5-9 所示）。该动作技术难度较大，要求运动员具有一定的力量、柔韧性等素质。

动作要领：在放圈处蹬离地面后，开始左臂屈肘，左手握前扶手，上体前倾，身体侧翻下，左膝顺势挂住后扶手。当凳转至一周，正好下落在放圈处，右手及时捡圈，并开始做挺身动作。在随凳上翘时，出手点与目标成约 30° 角时，将圈抛出。由于运动员身体下翻后，起抛点较低，因此在抛圈时，上体要尽量向上抬起。

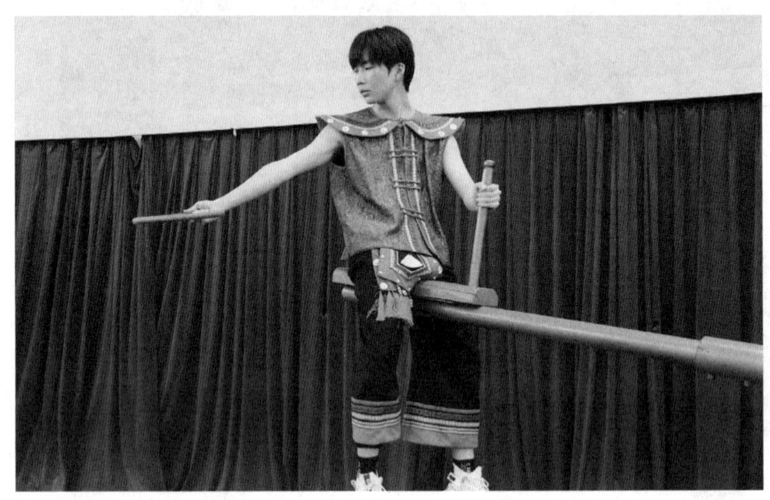

图5-8　分腿骑坐套圈

图5-9　单挂膝挺身套圈

单挂膝挺身套圈

（五）双扣腿后仰套圈

双扣腿后仰套圈是指运动员在凳上采用双腿扣住凳板，上体后仰，将地上的圈捡起并套向目标的方法（如图 5-10、图 5-11 所示）。这也是难度较大的动作之一，要求运动员具备一定的柔韧性和力量。

动作要领：在放圈处蹬地后，当凳转翘至接近最高点时，开始左手换握后扶手，左右小腿交叉以脚踝扣住凳板，同时上体后仰。在凳端降至放圈处时，右手捡圈。当凳转翘接近最高点与目标成约 10° 角时，将圈向后抛出。

图5-10 双扣腿后仰套圈（1）

图5-11 双扣腿后仰套圈（2）

双扣腿后仰套圈

三、下凳

（一）依次下凳

依次下凳是指一方队员先下凳后，另一方队员再下凳的方法（如图 5–12 所示）。这是适合一般初学者或身体素质较差者的练习方法。

动作要领：当稳凳的速度逐渐减慢至将停住时，后下的运动员上体后仰、双腿微屈撑地停住稳凳。先下的运动员双手握撑扶手或左手握扶手、右手扶凳板，上体稍前倾，右腿用力后摆，跨过后扶手着地（注意：用脚前掌着地做屈膝缓冲动作）；这时后下的队员方可站起，一腿外摆过后扶手离凳。

（二）同时下凳

同时下凳是指双方队员同时下稳凳的一种方法（如图 5–13 所示）。它要求队员具有一定的运动基础和较好的身体素质。

动作要领：当稳凳的速度逐渐减慢时，由一方队员发出指令，一般是用叫口令的方法，如喊“一二三”的“三”时，双方队员同时做下凳动作。因转翘的惯性，稳凳仍在转动，这时双方队员均不能松开扶手；若在高凳上，应跟随稳凳转翘一两圈，待凳停稳后，方可离手着地。

图5–12　依次下凳

图5–13　同时下凳

第三节 稳凳运动教学与训练

一、学习直接上凳技术

①做上凳动作的模仿练习。主要体验上体侧前倾，支撑腿踏地，摆动腿直腿后摆动作（如图 5-14 所示）。

②在高 1 米左右的板凳或栏杆上做上凳分腿骑坐动作练习，主要体会上下肢的协调配合和分腿坐动作。

③在固定的矮稳凳（高度 1.2 米以下）上，做上凳动作练习。

④两人在矮稳凳上同时做上凳动作练习（如图 5-15 所示）。

图5-14 学习直接上凳技术（1）

图5-15 学习直接上凳技术（2）

二、学习跑动上凳技术

①做跑动上凳动作模仿练习。主要体会从跑动到起蹬以及摆动腿后摆的协调配合。

②教师喊口令，两人在矮稳凳上做 3 步助跑上凳动作练习。

③运动员自己喊口令，在矮稳凳上做 3 ～ 5 步助跑上凳动作练习。

④在高凳上做 3 步助跑上凳动作练习。

三、学习转翘稳凳技术

①徒手原地做左右脚前掌内侧依次蹬踏地面练习。

②行进间做左右脚前掌内侧依次蹬踏地面练习。

③分腿骑坐矮板凳上做左右脚前掌内侧蹬踏地面练习。

④在矮稳凳上做转翘练习。

⑤在高稳凳上做转翘练习。

转翘稳凳技术

四、学习分腿骑坐套圈技术

①徒手原地做正面套圈动作练习。主要体会出手动作（如图 5–16 所示）。

②徒手原地做侧向套圈动作练习。主要体会侧转身与上肢的配合动作（如图 5–17 所示）。

③徒手做背向套圈动作练习。主要体会上体后仰与上肢的配合动作（如图 5–18 所示）。

④由近至远做原地正、侧、背向套圈动作练习（如图 5–19 ～图 5–20 所示）。

⑤在矮稳凳上做从慢速到快速转翘的分腿骑坐套圈动作练习（如图 5–21 所示）。

⑥在高稳凳上做分腿骑坐套圈动作练习。

图5–16　学习分腿骑坐套圈技术（1）

图5-17 学习分腿骑坐套圈技术（2）

图5-18 学习分腿骑坐套圈技术（3）

图5-19 学习分腿骑坐套圈技术（4）

图5-20 学习分腿骑坐套圈技术（5）

图5-21 学习分腿骑坐套圈技术（6）

分腿骑坐套圈技术

五、学习挂膝挺身套圈技术

①徒手做模仿挂膝挺身套圈动作练习。

②原地做模仿挂膝挺身套圈动作练习。

③行进间做模仿挂膝挺身套圈动作练习。

④做一手支撑地面的挺身套圈动作练习（如图 5-22 所示）。

⑤在固定的稳凳上做挂膝翻下挺身动作练习（如图 5-23 ～图 5-25 所示）。

⑥在固定的稳凳上做挂膝挺身套圈动作练习（如图 5–26 所示）。

⑦在稳凳上做慢速转翘的挂膝翻下挺身动作练习。

⑧在稳凳上做慢速转翘的挂膝挺身套圈动作练习（如图 5–27 所示）。

⑨在稳凳上做快速转翘的挂膝挺身套圈动作练习。

六、学习双扣腿后仰套圈技术

①在矮长板凳上做扣腿后仰动作练习。

②原地做后仰套圈动作练习。

③在矮长板凳上做扣腿后仰套圈动作练习（如图 5–28 所示）。

④仰卧在技巧垫上或跳高海绵垫上做向后套圈动作练习（如图 5–29 所示）。

⑤利用双杠做后仰套圈动作练习（如图 5–30 所示）。

⑥在固定的稳凳上做扣腿后仰动作练习。

⑦在固定的稳凳上做扣腿后仰套圈动作练习。

⑧做慢速转翘稳凳的扣腿后仰动作练习。

⑨做慢速转翘稳凳的扣腿后仰捡圈套圈动作练习。

⑩做快速转翘稳凳的扣腿后仰捡圈套圈动作练习。

图5–22 学习挂膝挺身套圈技术（1）

图5-23　学习挂膝挺身套圈技术（2）

图5-24　学习挂膝挺身套圈技术（3）

图5-25　学习挂膝挺身套圈技术（4）

图5-26　学习挂膝挺身套圈技术（5）

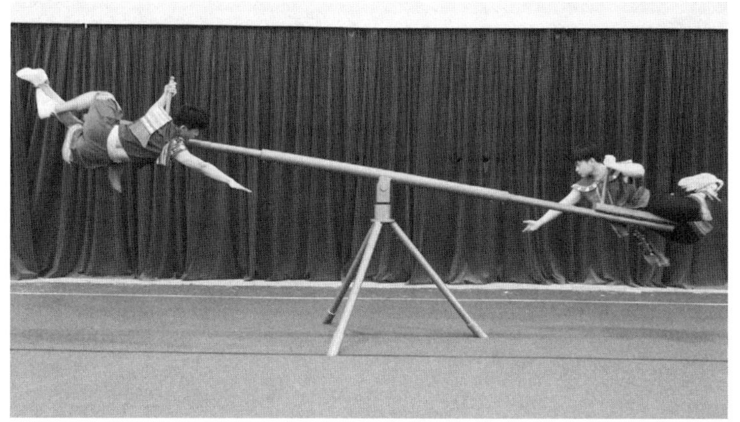

图5-27　学习挂膝挺身套圈技术（6）

挂膝挺身套圈技术

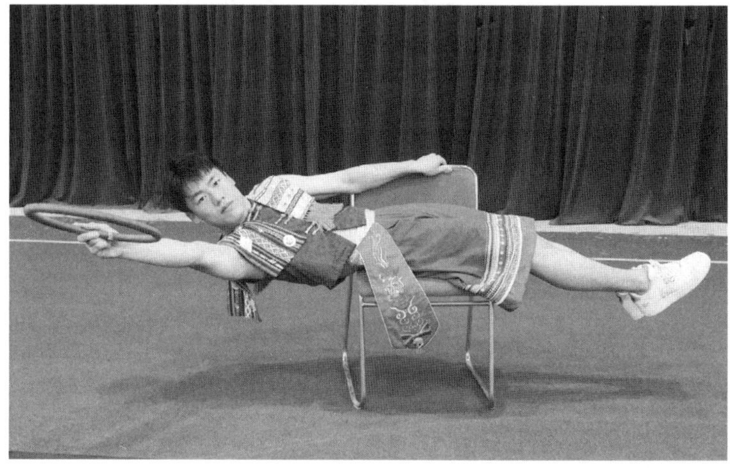

图5-28　学习双扣腿后仰套圈技术（1）

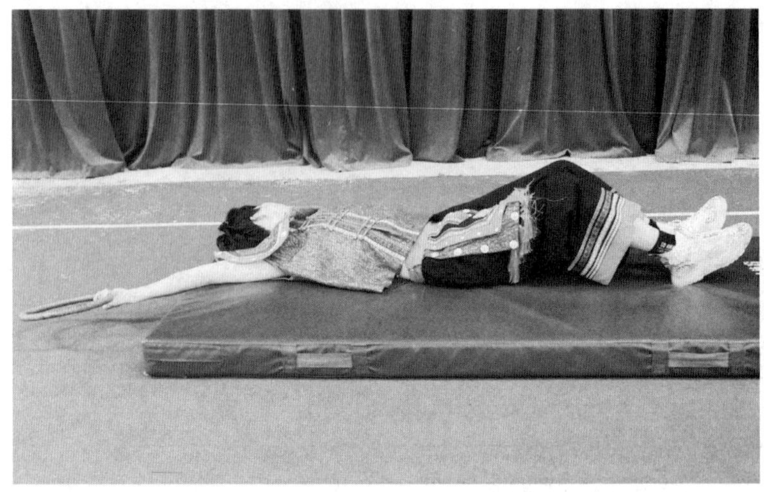

图5-29 学习双扣腿后仰套圈技术（2）

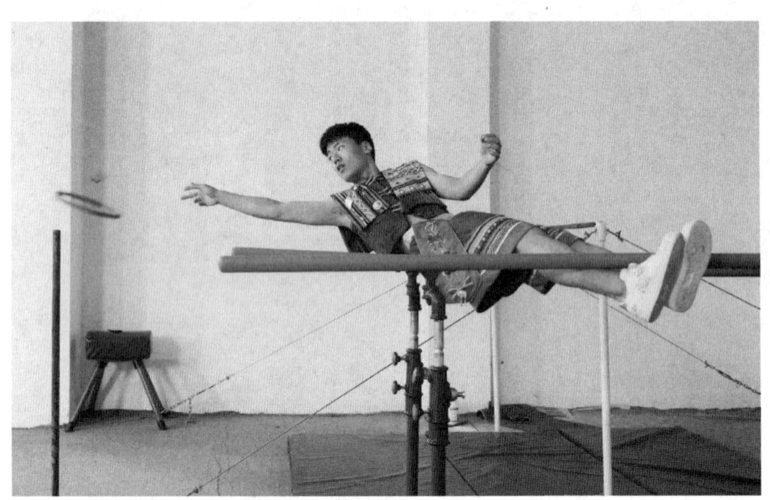

图5-30 学习双扣腿后仰套圈技术（3）

七、学习下凳技术

①徒手做模仿下凳动作练习。主要体会上体前倾、右腿后摆、越过扶手动作。

②骑坐板凳或矮栏杆上做下凳动作练习。

③在固定的稳凳上做下凳动作练习。

④在慢速转翘的稳凳上做依次下凳动作练习。

⑤在快速转翘的稳凳上做依次下凳动作练习。

⑥在慢速转翘的稳凳上做同时下凳动作练习。

⑦在快速转翘的稳凳上做同时下凳动作练习。

八、学习稳凳运动技术中常见的错误和纠正方法

（一）上凳动作

1. 常见错误

上凳困难，摆动腿敲打后扶手。

2. 纠正方法

①加强下肢力量训练，多做单（双）脚纵跳、负重蹬跳等练习。

②加强下肢柔韧性训练，进行正、后、侧压腿，踢腿练习。

③做摆动腿直腿后摆练习。

④在矮稳凳上做摆动腿直腿后摆、越过扶手练习。

⑤在高长板凳上做双手撑压凳板，同时摆动腿后摆一定高度，越凳呈分腿坐练习。

（二）转翘板凳

1. 常见错误

转翘不动或转翘速度太慢。

2. 纠正方法

①明确用左、右脚内侧依次下蹬踩地面的方法。

②每次凳板下落时，注意上体后仰（重心后移），下肢必须用力蹬踩地面，蹬地后上体稍前倾（重心前移）。

③在矮稳凳上反复练习转翘动作。

（三）挂膝挺身套圈

1. 常见错误

套圈时上体没有挺起，出手点太低，命中率不高。

2. 纠正方法

①加强上肢和腰腹力量训练。

②加强腰腹的柔韧性训练，如俯卧在技巧垫上做“两头翘”、上体起练习，多做下腰、甩腰练习等。

③多做一手撑地、一手持圈、上身抬起的套圈练习。

④多做在固定稳凳上的挂膝挺身套圈练习。

（四）双扣腿后仰套圈

1. 常见错误

捡圈时头后部碰擦地面。

2. 纠正方法

①在技巧垫上做上体后仰呈直体仰卧练习。

②在长板凳上做上体后仰呈仰卧练习。

③在固定的稳凳上做后仰套圈练习。

④在双杠上做后仰套圈练习。

九、稳凳教学注意事项

①稳凳运动要求练习者有一定的柔韧性和力量，平时要加强上、下肢和腰腹的力量及柔韧性练习。

②上稳凳练习前，练习者要做好充分的准备活动。

③稳凳教学时，教师要对初学者做好保护帮助工作。要对器材做认真检查，将松开的螺丝调紧；如有损坏，切不可让练习者上凳，待修理后方可使用。

④对稳凳的高度、转翘的速度要因人而异，特别是女生或初学者不要上高凳或做转翘速度太快的练习。

⑤做两人同时上凳练习者，体重应基本接近（一般相差不超过 5 千克）；如差异过大，可在稳凳的一端配重，如装上沙袋、砖块等。

⑥运动中，练习者如感头晕、体力不支等，应立即停止转翘，下凳休息。

稳凳练习

第四节 稳凳运动竞赛规则

一、场地与器材

（一）场地

①比赛场地应为平整、无障碍的土质或木质地面。

②场地的长宽各不得少于 8 米。

（二）器材

1. 稳凳

稳凳高 1 ～ 2 米，支撑脚与地面呈 45° 角，凳板长 4 ～ 5 米，坐板长 0.6 米、宽 0.15 米，前扶手高 0.4 米，后扶手高 0.3 米。除坐板用木质材料外，其他部件必须采用金属材料加工而成（如图 5–31 所示）。

2. 小套圈

小套圈为直径 0.28 米的圆圈，用管径 1 厘米的塑料管加工而成（如图 5–32 所示）。

3. 标志杆

标志杆高 1.8 米。

4. 小旗

旗杆长 1.2 米，彩旗长 1.2 米、宽 0.8 米。

5. 插旗座

插旗座高 1 米，插孔直径 3 厘米（如图 5–33 所示）。

二、比赛通则

（一）竞赛项目

稳凳运动竞赛项目分以下八种：

①男子分腿骑坐插旗；

②女子分腿骑坐插旗；

③男子分腿骑坐套圈；

④女子分腿骑坐套圈；

⑤男子挂膝挺身套圈；

图5-31　稳凳

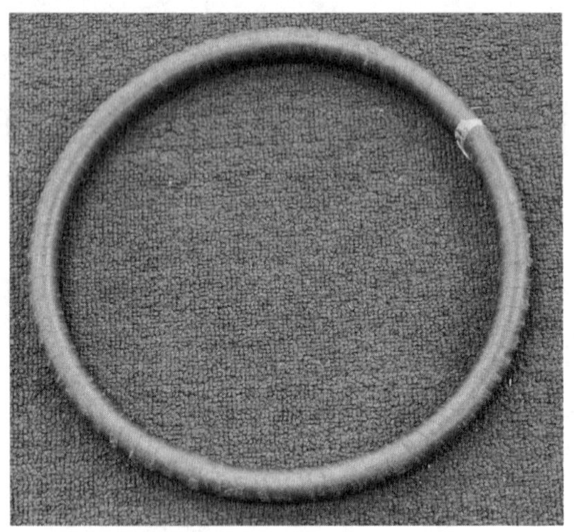

图5-32　小套圈

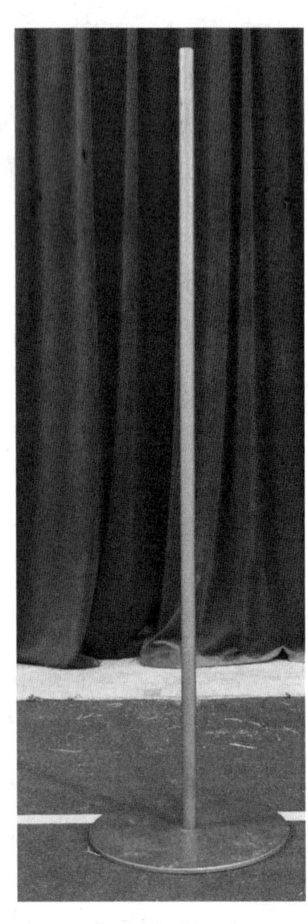

图5-33　插旗座

⑥女子挂膝挺身套圈；
⑦男子双扣腿后仰套圈；
⑧女子双扣腿后仰套圈。

（二）体重分级

体重分以下七个级别：
① 45 公斤以下级，体重不超过 45 千克；
② 45 公斤级，体重 45.1 ～ 49.9 千克；

③ 50 公斤级，体重 50 ～ 54.9 千克；

④ 55 公斤级，体重 55 ～ 59.9 千克；

⑤ 60 公斤级，体重 60 ～ 64.9 千克；

⑥ 65 公斤级，体重 65 ～ 69.9 千克；

⑦ 70 公斤级，体重 70 千克及以上。

（三）称量体重

①称量体重应在比赛前一天进行，全部比赛只称量一次体重，称量体重工作应在 1 小时内完成。

②由裁判长 1 人、裁判员 2 人、记录员 1 人和医生 1 人组成称量体重组，负责称量体重工作。

③运动员称量体重时，必须持有效证件，经称量体重组核对资格后，方可进行称量。称量体重时，只可穿贴身衣裤。

④先由体重轻的级别开始称量，每人称量一次。如称量后运动员体重低于或超过原属级别，并在规定称量时间内不能达到原属级别，则按弃权论。

（四）竞赛办法

1. 分腿骑坐插旗

（1）赛制

比赛采用淘汰制。

（2）比赛开始

当裁判员发出“预备”的口令后，双方运动员分别手握扶手，站立于凳的一端；当裁判员发出“开始”的口令后，双方运动员上凳，并开始转翘板凳，比赛开始。

（3）比赛时间

5 分钟。

（4）比赛胜负

比赛开始后，双方在不停转翘稳凳的过程中，在规定时间内，力争将地上彩旗捡起，并插进离凳端 0.6 米处的插旗座内，以先插中者为胜。

（5）犯规与处罚

若犯规，直接判定失败。

（6）一场比赛结束

有下列情况之一者，裁判员宣布整场比赛结束：一方运动员将旗插入插旗座；计时裁判员鸣笛，宣告比赛时间到。如时间到，仍不分胜负，双方运动员下凳休息 2 分钟后，再上凳继续比赛，直至决出胜负。

2.稳凳套圈

（1）赛制

比赛采用淘汰制。

（2）比赛开始

当裁判员发出“预备”的口令后，双方运动员分别手握扶手，站立于凳的一端；当裁判员发出“开始”的口令后，双方运动员上凳，并开始转翘板凳，比赛开始。

（3）比赛时间

5 分钟。

（4）比赛胜负

比赛开始后，双方在不停转翘稳凳的过程中，在规定时间内，将地上 10 个小圈逐个捡起，并逐个套向离凳端 3.5 米处的标志杆，最后以套中多者为胜。如套中个数相等，裁判员再给双方加套一个圈，直至决出胜负。

（5）犯规与处罚

若犯规，扣套中一个圈的积分。

（6）一场比赛结束

有下列情况之一者，主裁判鸣笛，并宣布该场比赛结束：双方已将地上的小圈全部捡起并套完；计时裁判员鸣笛，宣布比赛时间到（此时以运动员实际套中圈数计算成绩）。

三、裁判员及其职责

（一）裁判人员

①裁判长 1 人，副裁判长 1 ～ 2 人，裁判员及助理裁判员若干人。

②每场比赛由 1 名裁判员担任当主裁判，由计时、记录、检录各 1 名，担任助理裁判员。

③裁判人员必须在赛前 30 分钟到达比赛场地，并开始行使其权力；当比赛结束，裁判人员在记录表上签字后，这种权力即告结束。

（二）裁判人员的职责

1.裁判长

①领导裁判人员，负责全部裁判组织工作。

②赛前对场地、器材进行总的检查。

③负责称量体重工作。

④遇裁判工作发生问题时，可与裁判员研究提出意见，并最后作出决定。

⑤比赛结束后，负责签署比赛记录表。

⑥决定规则中未明确规定的事宜。

2. 副裁判长

①协助裁判长领导裁判工作。

②赛前检查比赛场地和用具。

③比赛结束后，负责收集记录表并加以审核。

3. 主裁判员

①比赛前，召集双方运动员以抛硬币的方式抽签选择场地。

②宣布比赛开始与结束。

③具有行使劝告、警告、终止比赛的权力。

④使比赛按规则进行。

⑤比赛结束，核对记录表并签字。

4. 助理裁判

（1）检录员

①比赛前 20 分钟，召集运动员点名、抽签，填写竞赛程序表。

②通知运动员入场，并指定运动员比赛场地。

③向主裁判员和记录员报告出场比赛和弃权运动员姓名。

④将竞赛程序表交记录员。

（2）记录员

①称量体重时负责记录工作。

②认真填写比赛成绩。

③比赛结束后，整理好记录表，并向主裁判报告比赛结果。

（3）计时员

准确操作计时表。当主裁判员宣布“比赛开始”时，启动计时表；当比赛时间到时，即停表，并鸣笛，通知主裁判员。

▸思考与练习

1. 简述稳凳运动的起源与发展情况。

2. 稳凳运动主要有哪些凳上动作？其动作要领是什么？

3. 在稳凳上影响套圈命中率的因素有哪些？

4. 试述挂膝挺身套圈的教学方法。

5. 在稳凳运动教学中应注意哪些问题？

本章思政元素

稳凳是浙江省非物质文化遗产项目，学习非物质文化遗产项目不仅能让学生掌握非物质文化遗产技艺，还能使其从中体会到中华优秀传统文化的博大精深和伟大创造力。

第六章　抄杠

▸ **内容提要**

本章主要介绍抄杠运动的起源、发展概况，着重分析抄杠运动的基本技术动作特点和教学方法，阐述抄杠运动竞赛规则和竞赛裁判法。

第一节　抄杠运动概述

抄杠是畲族的传统体育项目。它源自畲族古时的自卫强身活动。在旧社会，畲族是一个弱小民族，不仅遭受历代统治阶级的欺凌、压迫，还遭受自然灾害和豺狼虎豹的无情袭扰，但勇敢坚强的畲族人民不畏强暴，和大自然以及反动统治阶级、外来侵略者进行不屈不挠的抗争。在抗争过程中畲族人民更加意识到，必须有强健的体魄和过硬的功夫才能克敌制胜。畲民大多深居山中，扁担、拄棒是他们的日常生产工具，也是他们自卫防身的武器。空闲时他们经常聚集一起，用拄棒、扁担、竹杠、木棍等物对顶、对拉、对推、对拧，以此增强自身上下肢和腰腹力量，提高自卫能力。久而久之，这种活动便成为畲民喜爱的传统体育活动。从 20 世纪 80 年代开始，体育工作者开始对该活动进行挖掘整理和改进，使该活动的形式方法、规则更加完善合理，并正式将其定名为“抄杠”，在部分中小学校推广。

抄杠运动是一项集健身、竞技、娱乐、观赏于一体的体育活动。抄杠动作简单易学，形式多样，不受场地、器材限制，适合不同年龄、性别的人操练。抄杠项目在第四至第六届全国少数民族传统体育运动会上获表演比赛项目银奖，在第七届获铜奖，在第十届获银奖。

第二节　抄杠运动基本技术

抄杠运动是以木棒、竹杠、长板凳为主要器材，两人或多人在凳上持杠，采用推、拉、拧、顶、拨等运动方法，进行各种形式的对抗的体育活动。抄杠运动的主要技术包括弓步抄杠、马步抄杠、金鸡独立抄杠、蹬腿步抄杠、腹抄杠、肩抄杠、十字抄杠等。

一、弓步抄杠

弓步抄杠是指两名队员各持杠的一端站在长凳面上，以弓步姿势对抄的方法。它分为迎面抄杠和背面抄杠两种。

（一）迎面抄杠

迎面抄杠是指两名队员迎面弓步站立抄杠的方法（如图 6–1 所示）。

动作要领：一手持杠端，另一手叉腰间，左（右）前弓步站在凳面上，脚趾抓地，重心稳定，保持身体平衡；待裁判下令后，持杠手用推、拉、拧等方法使力，力争使对方下凳。

（二）背面抄杠

背面抄杠是指两名队员背向弓步站立抄杠的方法（如图 6–2 所示）。

动作要领：背向弓步站立在凳面上，一手持杠端，另一手叉腰间，脚趾抓地，保持身体平衡；待裁判下令后，用腰、腹和上下肢的力量，力争将杠拉过中线。

二、马步抄杠

马步抄杠是指两名队员在凳面上以马步姿势对抄的方法（如图 6–3 所示）。

动作要领：以马步姿势站立，侧向对方，一手持杠端，另一手叉腰间；待裁判下令后，持杠手臂开始用力，用拉、推等方法，使对方失去平衡下凳。

三、金鸡独立抄杠

金鸡独立抄杠是指两名队员在凳面上，以单腿支撑姿势对抄的方法（如图 6–4 所示）。

动作要领：右（左）腿提膝，左（右）腿支撑，面向对方，一手持杠端，另一手叉腰间；待裁判下令后，持杠手臂开始用力，用推、拉、拧、拨等方法，使对方失去平衡，双脚落地或下凳。

图6-1 弓步抄杠之迎面抄杠

平地弓步迎面抄杠

图6-2 弓步抄杠之背面抄杠

图6-3 马步抄杠

四、蹬腿步抄杠

蹬腿步抄杠是指两名队员在凳面上，连续做蹬腿步，同时抄杠的方法（如图 6–5 所示）。

动作要领：队员一腿全蹲，一腿前伸，一手持杠端；待裁判下令后，两腿开始做连续的蹬腿步（两腿交替做蹬伸腿）动作，同时持杠手臂开始使力，用推、拉等方法，使对方蹬腿步失败（停止）或下凳。

五、腹抄杠

腹抄杠是指两名队员在凳面上（也可在地面上），以腹部顶住杠底部对抄的方法（如图 6–6 所示）。

动作要领：队员一手持杠端，同时将杠的底部顶在腹部的位置；待裁判下令后，开始用腰、腹、髋、腿部及持杠手臂的力量，将对方顶下凳或过中线。

六、肩抄杠

肩抄杠是指两名队员在凳面上，以肩部顶杠的底部对抄的方法（如图 6–7 所示）。

动作要领：队员一手持杠端，同时将杠的底部顶在肩关节部位；待裁判下令后，开始用肩顶、腿蹬及全身的协调用力，将对方顶下凳或过中线。

七、十字抄杠

十字抄杠是指四名队员在地面上，分别持十字形杠一端对抄的方法（如图 6–8、图 6–9 所示）。十字抄杠分为对面抄杠和背面抄杠两种。

（一）对面抄杠

对面抄杠是指四名队员面向中间，用双手抄杠的方法。

动作要领：双手持杠端（或一手持杠，以杠的底部顶在腹部），两脚前后开立或弓步站立；待裁判下令后，开始用手臂、腰、腿部力量，将中点处的物品捡起。

（二）背面抄杠

背面抄杠是指四名队员背向站立，用单手拉杠的方法。

动作要领：单手持杠端，背向站立；待裁判下令后，开始拉杠，力争将前方的物品（小圈）捡起。

平地金鸡独立抄杠

图6-4 金鸡独立抄杠

图6-5 蹬腿步抄杠

图6-6 腹抄杠

图6-7　肩抄杠

图6-8　十字抄杠（1）

图6-9　十字抄杠（2）

十字抄杠

第三节　抄杠运动教学与训练

一、学习弓步抄杠技术

①徒手模仿弓步抄杠动作练习。

②徒手弓步推掌练习。两人一组，在平地上以弓步相对站立，分别用右（左）手立掌推对方右（左）手立掌（如图 6–10 所示）。

③徒手弓步背拉练习。两人一组，在平地上以弓步背向站立，分别用右（左）手拉对方右（左）手（如图 6–11 所示）。

④在地面上做弓步迎面抄杠和背面抄杠练习（如图 6–12、图 6–13 所示）。

⑤在凳上进行弓步迎面抄杠对抗练习（如图 6–14 所示）。

⑥在凳上进行弓步背面抄杠对抗练习（如图 6–15 所示）。

二、学习马步抄杠技术

①徒手模仿马步抄杠动作练习。

②徒手马步推掌练习。两人一组，在平地上以马步相对或侧对站立，分别进行单、双手的对推练习（如图 6–16 所示）。

③在地面上做马步抄杠练习（如图 6–17 所示）。

三、学习金鸡独立抄杠技术

①徒手模仿金鸡独立抄杠动作练习。

②徒手做单腿站立推掌练习。两人一组，在平地上以单腿支撑相对站立，分别用右（左）立掌推对方右（左）立掌。

③在地面上做单腿站立抄杠练习。

④在凳面上做单腿跳练习。

⑤在凳面上做单腿站立抄杠练习。

四、学习蹬腿步抄杠技术

①单人做有扶持的连续蹬腿步动作练习。一手扶固定支撑物，如栏杆、球门柱等，

图6-10　学习弓步抄杠技术（1）

图6-11　学习弓步抄杠技术（2）

图6-12　学习弓步抄杠技术（3）

图6-13 学习弓步抄杠技术（4）

图6-14 学习弓步抄杠技术（5）

图6-15 学习弓步抄杠技术（6）

图6–16　学习马步抄杠技术（1）

图6–17　学习马步抄杠技术（2）

一腿全蹲，另一腿向前伸直，脚跟着地。然后迅速蹬起，在蹬起的过程中，两条腿完成姿势的互换。如此连续练习若干次（如图 6–18 所示）。

②双人配合做蹬腿步动作练习。两人一组，相对手拉手，全蹲，做连续的蹬腿步练习（如图 6–19 所示）。

③单人做无扶持的连续蹬腿步动作练习（如图 6–20 所示）。

④单人或双人在凳面上做连续的蹬腿步动作练习。

⑤双人在地面上做连续的蹬腿步抄杠动作练习（如图 6–21 所示）。

⑥双人在凳面上做连续的蹬腿步抄杠动作练习（如图 6–22 所示）。

图6-18　学习蹬腿步抄杠技术（1）

图6-19　学习蹬腿步抄杠技术（2）

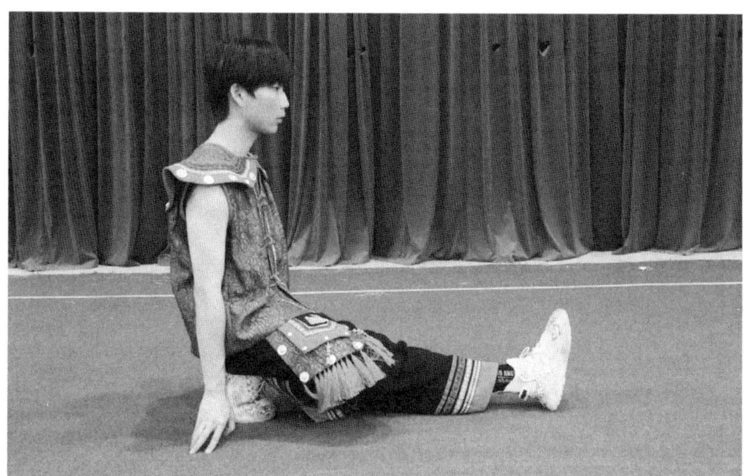

图6-20　学习蹬腿步抄杠技术（3）

图6-21　学习蹬腿步抄杠技术（4）

图6-22　学习蹬腿步抄杠技术（5）

五、学习腹抄杠技术

①做直体仰卧起坐练习。平卧，以髋为轴，直背起坐，当上身抬起与地面呈约45°角时，极力收缩腹肌，同时呼气，做至力竭。该练习主要增强腹部肌肉厚度，提高腹部承受力。

②做拍打腹部练习。一开始用手掌由轻到重地拍打腹部，后改用木板、木棒等适度击打腹部。该练习主要提高腹部顶、推时的承受力（如图6-23所示）。

③双人在地面上做有护垫的腹顶杠练习。两人一组，相对站立，每人在腹部围一加厚腰带，在杠两端加护垫（可采用皮革、布料、海绵等多层叠加制成），进行顶杠练习。

④双人在地面上做无护垫的腹顶杠练习（如图6-24所示）。

⑤双人在凳面上做无护垫的腹顶杠练习（如图6-25所示）。

图6-23　学习腹抄杠技术（1）

图6-24　学习腹抄杠技术（2）

图6-25　学习腹抄杠技术（3）

六、学习十字抄杠

十字抄杠动作较为简单，且在平地上进行，但要求运动员加强力量素质训练。

七、抄杠运动教学注意事项

（一）准备活动

运动前要做好充分的准备活动。抄杠是一项对抗性很强的激烈运动，而且主要动作都是在长板凳上完成的。因此，学生在上凳抄杠前，必须做好身体各部分的准备活动，特别是对手腕、脚踝等关节要充分活动开。

（二）由易到难，循序渐进

抄杠运动形式多样，动作难易不一。刚开始练习要从简单易学的动作开始，待掌握一定技巧后，逐步学习难度大的动作。

（三）因地制宜，因人而异

传统的抄杠运动竞赛主要是在长板凳上进行的，但在基层教学时，或未具备必要的器材设备时，也可在平坦的地面上进行练习活动。同时，抄杠动作要根据教学对象不同而有所选择，比如腹、肩抄杠主要是供具有一定身体素质的成年人操练，而不适合未经专门训练的少年儿童练习。

（四）注意安全

抄杠运动的主要特点是两人持木杠一端，进行对推、对拉、对顶等，在激烈的对抗中，难免会有一方脱杠的情形，从而使持杠方失去控制（如木杠往两旁挥出），所以教师在教学中一定要加强对学生的安全教育。学生练习时思想务必集中，杠握紧，增强自我保护意识；旁观者或等候的队员要离抄杠者 2 米以上。另外，选择的场地要平坦、空旷，板凳安放要平整、稳固，等等。

第四节　抄杠运动竞赛规则

一、弓步与马步抄杠竞赛规则

（一）场地

比赛场地应为长 8 米、宽 6 米的无障碍平地。

（二）器材

板凳长 3.4 米、宽 0.28 米、高 0.3 米，木棍长 1.3 米、直径 4 厘米（如图 6–26、图 6–27 所示）。

图6–26　弓步、马步抄杠竞赛器材（1）

图6–27　弓步、马步抄杠竞赛器材（2）

（三）竞赛办法

1. 赛制

比赛采用淘汰赛，三局两胜制。

2. 比赛胜负

①比赛时，运动员必须单手持杠的一端，不得滑动，不得中途换手或脱手，否则判失败。

②比赛时，运动员必须按照规定步法站立，不得任意移动（弓步背向抄杠不受此限制），否则判失败。

③如两人同时失败，重赛，直到决出胜负。

二、金鸡独立抄杠竞赛规则

（一）场地

比赛场地应为长 8 米、宽 6 米的无障碍平地。

（二）器材

板凳长 3.4 米、宽 0.28 米、高 0.3 米，木棍长 1.3 米、直径 4 厘米。

（三）竞赛办法

1. 赛制

比赛采用淘汰赛，三局两胜制。

2. 比赛胜负

①比赛时，运动员必须单手持杠的一端，不得滑动，不得中途换手或脱手，否则判失败。

②比赛时，运动员必须单腿站立，可移（跳）动，但不得换腿，如双脚触地，则判失败。

③比赛时，双方运动员不得有身体接触，如主动接触对方，则判失败；如属无意中接触对方，应马上分开，继续比赛。

④如两人同时失败，重赛，直到决出胜负。

三、蹬腿步抄杠竞赛规则

（一）场地

比赛场地应为长 8 米、宽 6 米的无障碍平地。

（二）器材

板凳长 3.4 米、宽 0.28 米、高 0.3 米，木棍长 1.3 米、直径 4 厘米。

（三）竞赛办法

1. 赛制

比赛采用淘汰赛，三局两胜制。

2. 比赛胜负

①比赛时，运动员必须单手持杠的一端，不得滑动，不得中途换手或脱手，否则判失败。

②比赛时，运动员必须做连续的蹬腿步动作，一旦停止，则判失败。

③做蹬腿步时，运动员必须一腿全蹲，一腿伸直，如不规范，裁判先予以警告一次；如再犯，则判失败。

④如两人同时失败，重赛，直到决出胜负。

四、腹肩部抄杠竞赛规则

（一）场地

比赛场地应为长 8 米、宽 6 米的平坦地面。

（二）器材

板凳长 3.4 米、宽 0.28 米、高 0.3 米，木棍长 2.5 米、直径 8 厘米。

（三）竞赛办法

1. 赛制

比赛采用淘汰赛，三局两胜制。

2. 比赛胜负

①比赛时，运动员必须单手持杠的一端，不得滑动，不得中途换手或脱手，否则判失败。

②比赛时，运动员必须将杠的底部接触规定的身体部位，不得任意离位，否则判失败。

③比赛时，运动员站立姿势不限，可在凳上移动或跳动。

④比赛时，运动员不得在顶杠部位（包括杠的底部和身体部位）加垫任何妨碍竞赛公正的防护用具。

⑤如两人同时失败，重赛，直到决出胜负。

五、十字抄杠竞赛规则

（一）场地

比赛场地应为长宽各 8 米的正方形平坦地面。

（二）器材

十字杠用四根长 1.5 米的木质或金属材料加工而成，要求坚固耐用。如用木质材料加工，中间的连接部位必须采用金属部件（如图 6–28 所示）。

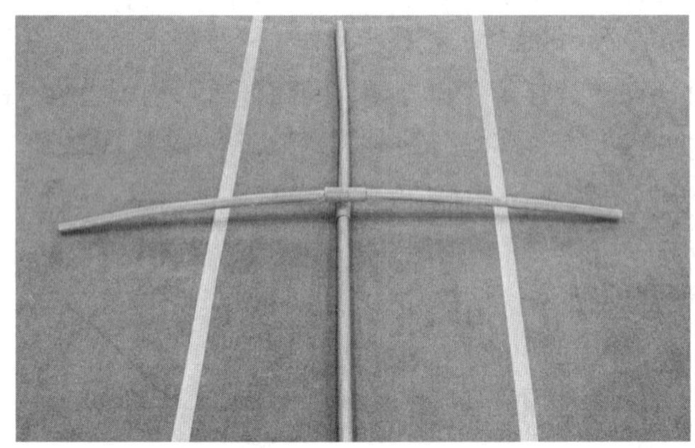

图6–28　十字抄杠竞赛器材

（三）竞赛办法

1. 赛制

比赛采用一局定胜制。

2. 比赛胜负

①对面抄杠，运动员必须双手持杠；背面抄杠，运动员必须单手持杠。

②比赛中，运动员不能故意松手，如无意脱手，应马上将杠抢回继续比赛，直至裁判鸣哨，宣布该局比赛结束为止。

③比赛中，如多人拾到标志物，应以先拾到者为胜。

▶思考与练习

1. 抄杠运动的技术主要包括哪些？
2. 简述蹬腿步抄杠的动作要领及教学方法。
3. 试述金鸡独立抄杠技术的教学方法。
4. 在抄杠运动教学中应注意哪些问题？
5. 简述弓步抄杠的竞赛规则。

本章思政元素

抄杠技能较好掌握，抄杠规则制定严格。学生通过学习规则，可培养规则意识，学会尊重对手、遵守规则，顽强拼搏。

第七章　赶野猪

▶ **内容提要**

本章主要介绍赶野猪运动的起源、发展概况，着重分析赶野猪运动的基本技术动作特点和教学方法，阐述赶野猪运动的竞赛规则和竞赛裁判法。

第一节　赶野猪运动概述

一、项目形成历史

旧时的畲族长期居住在山中，主要靠种植水稻、番薯、大豆、玉米等农作物生活。大山里野猪较多，其败坏农作物最厉害，农作物经常被破坏得颗粒无收。野猪是畲民的一大敌人，于是村落首领组织畲民集中赶打野猪。赶打野猪需要方式方法，畲民农闲时就在谷场、院子中扎几个篾球代表野猪，来演练赶打野猪的技巧。通过演练，畲民不仅提高了赶打野猪的方式和技巧，更锻炼了意志品质，强健了体魄。

二、项目演变发展

旧时畲民用篾球来练习赶打野猪的技巧，练习方法多样，主要根据赶打野猪所需的技巧进行练习。随着时代的发展，人们追求健康的愿望越来越强烈。赶野猪活动由于能增进人们的健康，经过漫长的发展、演变，发展成现在广大畲民普遍喜欢的传统体育项目——赶野猪（打篾球，如图 7–1 所示）。目前，赶野猪运动具有成熟的场地器材、竞赛规则、活动方式，有利于人们进行练习，在畲族聚居地区的广大畲民中间流行起来，成了畲族家喻户晓的体育项目。

图7–1 赶野猪（打篾球）

三、项目流传与区域发展

赶野猪活动以前主要在景宁畲族自治县畲族乡镇开展，现已经在浙江省 18 个畲族乡镇得到推广和发展。畲族三月三节日里还要赶舞场，跳起火把舞、木拍灵刀舞、竹竿舞、龙灯舞、狮子舞、鱼灯舞，同时还有稳凳、蹴石磉、腹顶棍、抄杠、赶野猪等畲族民间竞技，其中赶野猪深受广大畲民的青睐。在浙江省各级政府的支持下，赶野猪活动已经进入畲族乡镇的大中小学的教学中，特别是在丽水学院的学校体育中得到了很好的推广。近年来，赶野猪项目得到了浙江省景宁畲族自治县民族体育工作者的挖掘整理，参加了第八届和第九届全国少数民族传统体育运动会的表演项目比赛，均获得了二等奖。通过全国性的比赛，更多的人了解了赶野猪项目，了解了畲族传统文化。

第二节 赶野猪运动基本技术

赶野猪运动是两队在一片两端各有两个进球门的长方形场地上，按照一定的规则进行对抗活动的一种运动。比赛各队派 5 名队员上场比赛，其中 1 名为守门员。比赛上半场 20 分钟，下半场 15 分钟，共 35 分钟，在规定的时间内得分多者获胜。

赶野猪运动不受年龄限制，老少皆宜，技术多样，战术丰富，对抗激烈，能有效地提高人的速度、耐力、力量、灵敏性等身体素质，有利于培养勇敢顽强、机智果敢、勇于克服困难的意志品质和团结合作的集体主义精神。

赶野猪运动的技术主要有运、传、接、射等。进攻方力求将球用球板打进对方球门；防守方极力阻止、破坏对方进攻，转守为攻。

运，是利用手腕和手臂的自然摆动力量，连续不断地轻轻拍击、拨弄和推篾球，使篾球向前运行（如图 7–2 所示）。

传，是利用球板的顶端将篾球推送出去的一种基本击球方法（如图 7–3 所示），多用于短距离传球，具有准确性高的特点。

接，是用球板停接本方队员所传的篾球，常用于傍球和对球的控制。

射，是利用手腕动作猛推和抖动，用球板猛击篾球推向球门。

图7–2 赶野猪运动技术（1）

图7–3 赶野猪运动技术（2）

第三节　赶野猪运动竞赛规则

一、场地与器材

（一）场地

比赛场地由发球点/罚球点、守门员区、禁区、边线、端线、球门组成（如图 7–4 所示）。边线长 24 米，端线长 12 米，禁区宽 0.4 米，罚球点离禁区线 1 米。

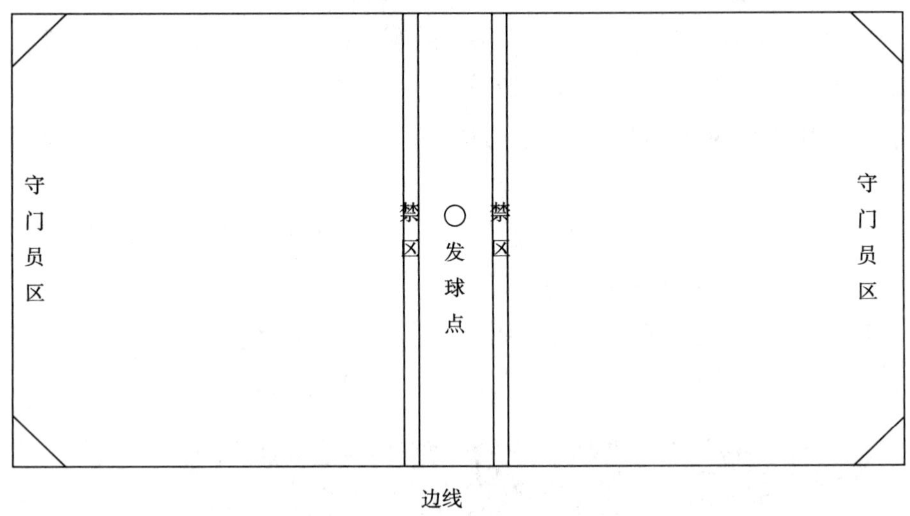

图7–4　赶野猪比赛场地示意

（二）器材

1.篾球

篾球由竹丝制成，近似圆球形球体，直径 15 厘米，质量 200 克左右。

2.球板

球板由毛竹切成的长 60 厘米，上宽 2 厘米、下宽 6 厘米，厚 0.5 厘米的毛竹板制成（如图 7–5 所示）。

图7–5　赶野猪器材之球板示意

3. 球门

球门是放于球场四个角的长方形竹制门，门高 0.5 米、宽 1.2 米。

二、竞赛办法

（一）人数

各队派 5 名队员上场比赛，其中 1 名为守门员。

（二）时间

上半场 20 分钟，下半场 15 分钟，共 35 分钟。

（三）胜负

规定时间内进球多者为胜。如遇平局，加罚 3 个点球决定胜负；如仍为平局，每次加罚 1 个，直到决出胜负。

（四）场地

场地由抽签决定，上、下半场进行互换。

第四节　赶野猪运动的价值和传承发展

一、赶野猪运动的价值

（一）健身价值

赶野猪运动与其他少数民族传统体育项目一样是以身体锻炼为主要目的的。长期进行赶野猪运动的练习，具有显著的强身健体功效。人们参与赶野猪运动，不仅强健了体魄、增进了健康，而且培养了团结合作的精神和努力拼搏的意识，促进了身心的健康发展。

（二）娱乐价值

在漫长的发展和演变过程中，赶野猪运动出现娱乐化趋势，并依托三月三等节日活动得以开展，依附民俗习惯得以沿袭。赶野猪运动是畲民主要的休闲娱乐方式之一，具有调节人们心理的功能，同时也常被作为向异性表达情意及寻找配偶的媒介。

（三）观赏价值

体育本身就是一门艺术。赶野猪运动集表演与竞技于一体，展现畲民不畏困难、勇于拼搏的精神，队友在旁边助威呐喊，场面惊心动魄，气氛热烈。每年畲族三月三节日中，赶野猪运动是最受民众喜欢的节目之一。

二、赶野猪运动的传承发展

赶野猪运动是畲族传统体育竞技项目，属于群体传承。该项目活动融趣味性、娱乐性、健身性、普适性、自发性于一体，以在畲乡村寨自发性仿效传承为主，政府指导为辅。

（一）参与体育竞赛

多年来，经过民族体育工作者的创新改进，畲族传统体育项目赶野猪运动更加具有现代体育的特征——竞技性。赶野猪运动作为畲族表演项目，多次参加浙江省少数民族传统体育运动会和全国少数民族传统体育运动会。一方面，参加训练的运动员掌握了赶野猪的运动技能，成为赶野猪项目传承与推广的中坚力量；另一方面，通过比赛，更多的人了解了赶野猪项目，了解了畲族文化。所以，通过体育竞赛，畲族传统体育项目赶野猪运动能够更好地得到传承和推广。

（二）进校园活动

学校教育是传承民族文化的有效途径之一。经过改进创新的赶野猪运动更具普适性、健身性和趣味性，适合在学校教育中开展。2003 年开始，赶野猪运动被引进浙江省景宁畲族自治县民族中学的体育课中。通过赶野猪项目的教学，学生了解了畲族文化，掌握了一些赶野猪项目的运动技能，成为赶野猪运动的推广者和传承者，从而使赶野猪运动得到有效的推广和普及。其他畲族乡镇的一些民族中小学，也都陆续开展了赶野猪项目的教学（如图 7–6 所示）。

图7–6 赶野猪教学

▸ 思考与练习

1. 赶野猪运动的技术主要包括哪些?
2. 简述赶野猪运动的传承发展。

本章思政元素

通过集体项目，锤炼学生意志，培养学生吃苦耐劳、克难攻坚、坚持不懈的优秀品质；培养学生正确做事的态度，传递“细节决定成败”的思想。

第八章　畲族拳

▸ **内容提要**

本章主要介绍畲族拳的起源、发展概况，着重分析畲族拳的基本技术动作特点和教学方法，以及畲族拳小六步完整套路教学。

第一节　畲族拳概述

畲族武术具有鲜明的地域性、季节性、竞技性、健身性、娱乐性等特点，经过千百年传承已形成独具一格的传统武术门类，有畲族拳、打尺寸、盘柴槌、蓝技拳等，是中华民族传统文化的重要组成部分。畲族武术在吸取南少林精华的基础上融会而成，具有步稳势烈，发力短、猛、狠，攻守严谨，进攻多用指法、掌法等特点。畲族武术以畲族拳著称，畲族拳俗称“畲家拳”或“酋拳”，它有两个地方作为代表：一是福建省福州市罗源县八井村；二是福建省宁德市福安市金斗洋村。

畲族拳动作朴实无华，招招讲究实用，是流传在畲族中的拳种，很少与外界交流，仍保留着其古老的传统风貌。此拳种重在防身，不先动手，讲究礼让，后发而制人。在畲拳师中流传着这样一句话：“练拳习武亦修德，一练筋骨，二练技，三打不平，四养性。”由此可见，畲拳师是十分重视武德教育的。此外，它对功法及刚柔、虚实、进退、攻守等对立统一的矛盾，均有一套辩证的合乎逻辑的理论。

一、武德

练拳重武德，本是英雄色；
无德技不高，德厚功亦深。
无艺想打人，艺高不打人；

四海皆兄弟，友善为守则。

二、功法

打拳先站桩，步稳心不慌；
步步皆有解，唯有力难防。
指法最狠毒，切莫轻露功；
练拳加练功，胜似孙悟空。

三、刚柔

刚者法之本，柔乃变之基；
太刚必易折，太柔终受欺。
须刚必用刚，须柔则应柔；
刚柔宜相济，不可有偏倚。

四、虚实

打拳论虚实，才是上乘技；
虚实多变幻，审察可临敌。
虚虚又实实，实实又虚虚；
能虚又能实，制敌有奇机。

五、进退

知进不知退，枉自费心机；
能退不能进，空负平身艺。
进如猫扑鼠，退如鱼跃溪；
善进亦善退，方能施绝技。

六、攻守

专攻必大败，专守无便宜；
单桥打不动，连攻可获益。
审时又度势，声东又击西；
攻守两兼顾，稳操得胜旗。

第二节　畲族拳运动基本技术

一、畲族拳的基本步型

（一）八字马

动作要领：两脚左右分开，距离稍比肩宽；两脚尖朝前略外张，两腿屈膝半蹲，大腿与水平面约成 45° 角，膝关节与脚尖垂直，身体重心落于两腿间，敛臀收胯，目视前方（如图 8–1 所示）。

练习方法：

①按动作要求原地“站桩”，并逐渐延长站桩的时间。

②进行转体换步“八字马”的活步练习。

③在“站桩”和“八字马”活步练习的同时，可结合基本手法进行练习。

要求与要点：上体正直，目视前方，两脚全掌着地。

（二）不丁不八马

动作要领：两脚前后开立，前脚脚尖微内扣，前腿屈膝半蹲，大腿与水平面约成 45° 角，膝关节不超过脚尖；后腿微屈，脚尖内扣，脚跟后蹬，形成不丁不八马（如图 8–2 所示）。

练习方法：

①按动作要求原地“站桩”并逐渐延长站桩的时间。

②进行转体换步不丁不八马练习。

③进行行进间不丁不八马的“拖桩”练习。

要求与要点：上体正直，目视前方，两脚全掌着地。

（三）虚实马

动作要领：一腿伸直，全脚掌着地，脚尖略外撇支撑体重；另一腿膝关节微屈，脚前掌虚点地面（如图 8–3 所示）。

要求与要点：上体正直，目视前方，两腿虚实分明。

图8-1　八字马

图8-2　不丁不八马

图8-3　虚实马

二、畲族拳的基本手型

（一）拳

动作要领：四指卷曲握紧，拇指紧扣食指和中指的第二指节，中指与食指略突起（如图 8–4 所示）。

要求与要点：握拳要紧，手腕要直。

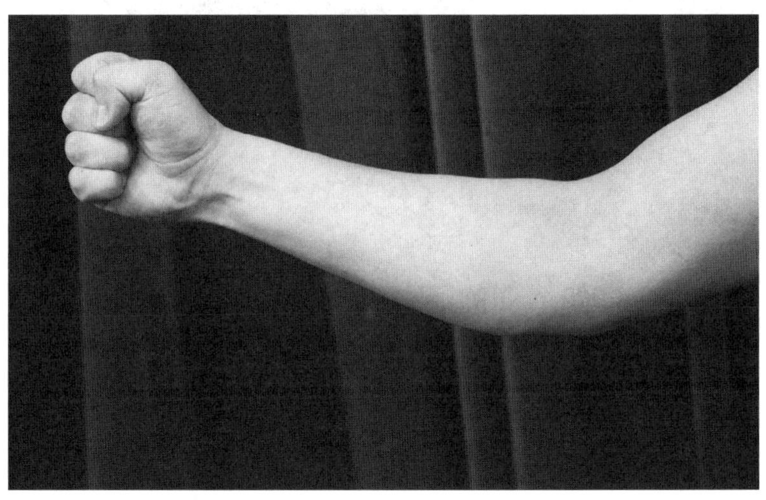

图8–4 拳

（二）单刀（掌）

动作要领：四指伸直或微屈并拢，拇指弯曲内扣（如图 8–5 所示）。

要求与要点：四指并拢要紧。

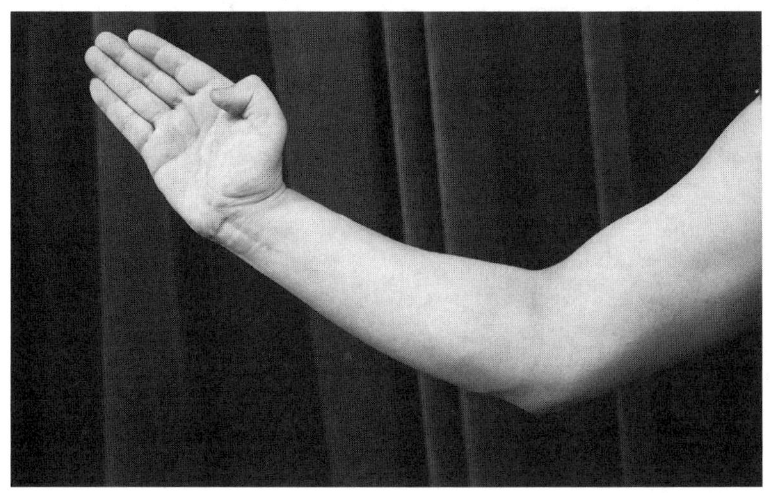

图8–5 单刀（掌）

（三）一指（单枝点穴指）

动作要领：食指伸直，中指、无名指、小指的第一、二指节紧屈，拇指弯曲内扣（如图 8-6 所示）。

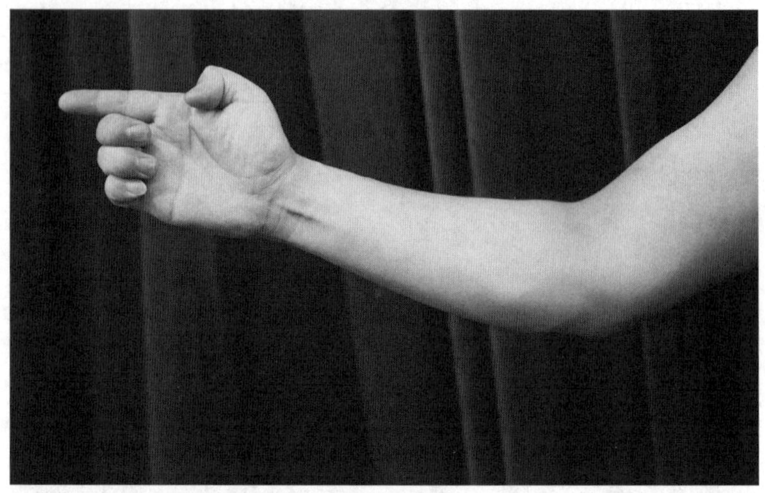

图8-6　一指（单枝点穴指）

要求与要点：食指顶直，其余四指并拢紧屈，手腕要直。

（四）二指

1. 锁喉指

动作要领：拇指与食指微屈张开呈半月形，其余三指靠拢紧屈（如图 8-7 所示）。

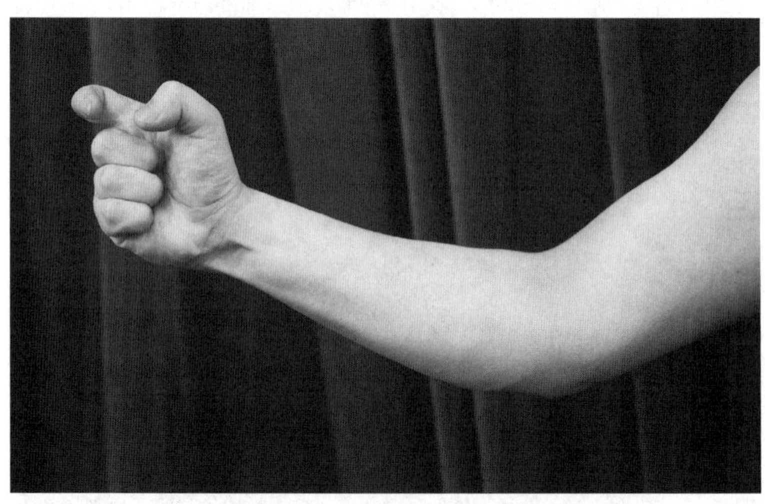

图8-7　锁喉指

要求与要点：拇指与食指撑顶，使力量聚于二指的指尖。

2. 摸珠指

动作要领：食指与中指伸直分开，其余三指屈拢捏紧，拇指扣于无名指和小指的第一指节（如图 8-8 所示）。

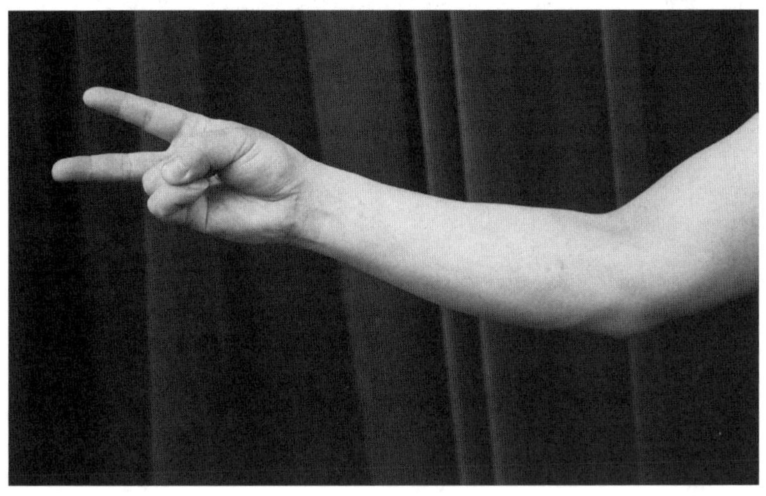

图8-8 摸珠指

要求与要点：食指、中指伸直撑顶，使力量聚于二指的指尖。

3. 双枝点穴指

动作要领：食指与中指伸直并拢，其余三指弯曲紧屈（如图 8-9 所示）。

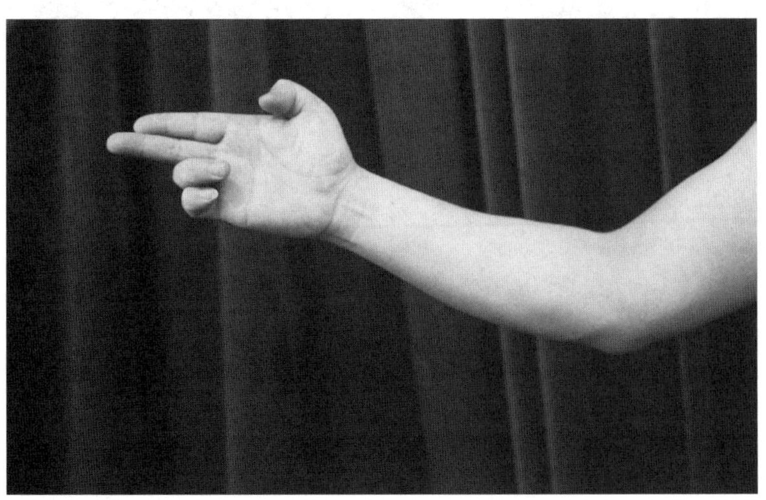

图8-9 双枝点穴指

要求与要点：食指与中指用力撑顶，使力量聚于二指的指尖。

（五）四指（插肋指）

动作要领：四指伸直并拢，掌心稍凹，拇指弯曲内扣，腕关节伸直（如图 8-10 所示）。

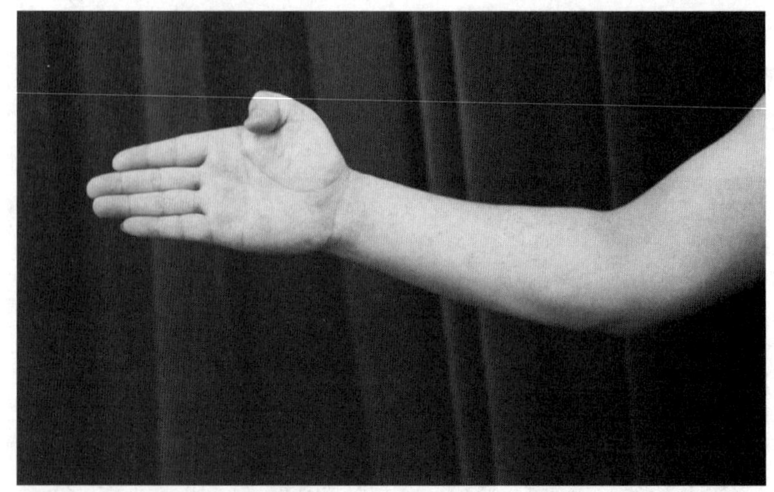

图8-10　四指（插肋指）

要求与要点：四指顶直，使力量聚于四指的指尖。

（六）五指（爪）

动作要领：五指微屈，虎口张开（如图 8-11 所示）。

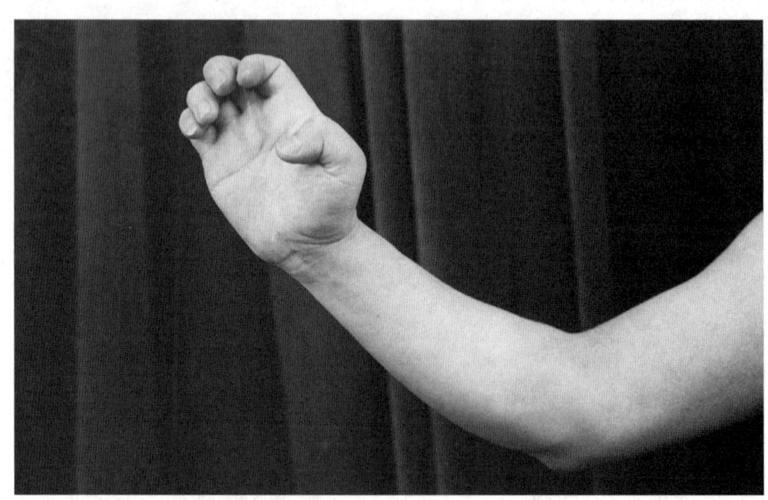

图8-11　五指（爪）

要求与要点：塌腕，力量聚于五指的指尖。

三、畲族拳的基本手法

（一）直锤

动作要领：步型为八字马，两手握拳，拳心朝内，抱于腹前。左臂由屈到伸，左拳直线向前猛力打出，力达拳面，高与肩平，拳心朝下，目视前方（如图 8-12 所示）。

要求与要点：出锤要快速有力，力达食指、中指指节，臂微屈。

（二）格锤

动作要领：步型为不丁不八马，两手握拳，拳心朝内，抱于腹前。左拳经体前向上、向前、向外格挡，拳心朝内，目视左拳（如图 8-13 所示）。

图8-12 直锤

图8-13 格锤

要求与要点：向外格拳时，左前臂外旋，使力聚于左前臂桡骨一侧。

（三）田螺锤

动作要领：步型为八字马，两手握拳，拳心朝内，抱于腹前。右拳上提至右肩前，前臂内旋，拳沿螺旋形路线向前猛力打出，拳心朝外，拳眼朝下，拳略低于肩或与肩平（如图 8-14 所示）。

要求与要点：右拳打出时，重心略向左移，身体应向左倾斜，向上提拳和向前击出要连贯协调，不可停顿分解，并要借助拧腰的力量，使力贯于拳面。

（四）牛角锤

动作要领：步型为不丁不八马，两手握拳，拳心朝内，抱于腹前。两拳经体侧向前、向上、向里作牛角状钳摆，右拳略高，置于右额前上方，拳眼斜朝下，拳心斜朝外；左拳略低，置于左腹前，拳心朝下，拳眼斜朝右，力达拳面，发力迅猛（如图 8–15 所示）。

要求与要点：牛角锤动作，两拳应同时钳摆，使身腰力量和两拳的合力协调一致，发出爆发力。

图8–14　田螺锤

图8–15　牛角锤

四、畲族拳的掌法

（一）单刀（掌）

动作要领：步型为不丁不八马，两手握拳，拳心朝内，抱于腹前。右拳变掌向前猛力推击，力达掌根或小指一侧，掌尖高与鼻齐，目视掌尖（如图 8–16 所示）。

要求与要点：击掌时，右臂微屈，迅速有力，使周身力量贯于掌根或小指一侧。

（二）双刀（双掌）

动作要领：步型为不丁不八马，两手握拳，拳心朝内，抱于腹前。两拳变掌向前猛力推击，力达掌根或小指一侧，掌尖高与鼻齐，目视掌尖（如图 8–17 所示）。

要求与要点：与单刀（掌）一样，击掌时臂微屈，动作迅猛有力，使力量贯于掌根或小指一侧。

图8-16 单刀（掌）

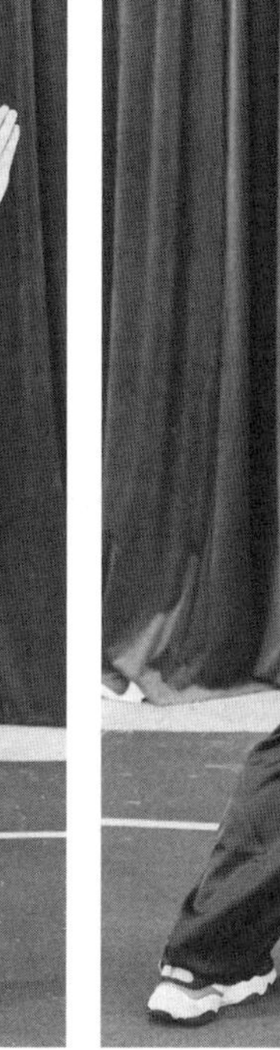

图8-17 双刀（双掌）

五、畲族拳的肘法

（一）抱肘顶

动作要领：步型为八字马，两手握拳，拳心朝内，抱于腹前。左肘弯曲向左上方顶撞，略低于肩。同时，右拳变掌由腹前向左上方抱抵左肘尖，目视左肘（如图 8-18 所示）。

要求与要点：抱肘顶时，上臂前臂应夹紧，顶击要借助于腰的拧转，使周身力量聚于肘关节。

（二）开弓顶

动作要领：步型为八字马，两手握拳，拳心朝内，抱于腹前。右肘向右上方猛力顶击，目视右肘尖（如图 8-19 所示）。

要求与要点：右臂保持曲度不变，顶肘发力时要借助身腰的力量发出快速短促的抖劲。

图8-18　抱肘顶

图8-19　开弓顶

六、畲族拳的指法

（一）单枝点穴位指

动作要领：步型为不丁不八马，两手握拳，拳心朝内，抱于腹前。右手食指伸直呈单枝点穴指，拇指一侧朝上，随右臂伸直向前点击（如图 8–20 所示）。

要求与要点：右单枝点穴指点击时，应短促有力，发内劲，力达指尖，目视手指出击方向。

（二）摸珠指

动作要领：步型为不丁不八马，两手握拳，拳心朝内，抱于腹前。右手食指与中指伸直分开，呈摸珠指，随臂伸直向前上方插击，手心朝下，力达指尖，目视二指（如图 8–21 所示）。

要求与要点：食指与中指的距离约为 5 厘米（与两眼间距离同宽），“摸珠”时应准确有力，发出内劲。

图8-20 单枝点穴位指

图8-21 摸珠指

（三）锁喉指

动作要领：步型为不丁不八马，两手握拳，拳心朝内，抱于腹前。左拳拇指与食指分开，向前上方推击，手略高于肩，手心朝前，力达拇指、食指指尖，目视二指的指尖（如图 8-22 所示）。

要求与要点：二指向前上方推击时要快速准确，力聚二指，发出内劲。

图8-22 锁喉指

第三节　畲族拳教学训练

畲族拳小六步预备姿势：两腿伸直靠拢，呈立正姿势。头颈正直，下颌微收，两臂自然下垂贴于体侧，精神集中，目视正前方（如图 8–23 所示）。

一、请拳（起式）

动作要领：两掌变拳，由体侧向前、向上重叠于腹前（右拳在上），两拳拳心斜朝内，拳眼斜朝上。同时，左腿向前迈出半步，前脚掌虚点地面，呈虚实马，目视正前方（如图 8–24 所示）。

动作要点：体态自然，头颈正直，下颌微内收，重心偏于右腿。

二、双磨钢刀

动作要领：左脚向左后方退半步，两膝微屈，重心落于两腿之间，呈高八字马。同时，两拳收于胸前，相距约 10 厘米，拳眼朝上，拳心朝内，目视前方（如图 8–25 所示）。两拳变掌，两前臂内旋，使两掌心转朝下，小指侧朝前，两掌同时向前切击，目视两掌（如图 8–26 所示）。

动作要点：两脚距离略宽于肩，身体自然正直，两掌击出要快猛有力，使力贯于小指一侧，两掌间的距离约为 10 厘米。

三、双刀破竹

动作要领：两掌收经腹前，向左前方推击，掌心斜相对，小指侧朝前，两掌高与肩齐。同时，右脚向左前方上步，呈不丁不八马，目视指尖（如图 8–27 所示）。

动作要点：两掌回收时要蓄气，出击时要配合聚气猛力击出，使力点贯于小指侧。同时，亦可发出“咳”的喊声，以助拳威与发力。

四、单刀破竹

动作要领：两掌变拳收于腹前，身体微向右转，右拳变掌向前推击，指尖朝上，高与肩齐，掌心朝左，力达小指侧。同时，右腿蹬起略收回，随即向正前方上步，右腿屈膝半蹲，呈不丁不八马，目视右掌。

图8-23 畲族拳预备

图8-24 请拳（起式）

图8-25 双磨钢刀（1）

图8-26 双磨钢刀（2）

图8-27 双刀破竹

动作要点：两掌变拳收抱腹前应与右脚回收一致，右脚上步，呈不丁不八马，与右掌向前推击应同时完成。上步步幅要大，要利用身体向前的冲力将右掌猛力推出。

五、二指锁喉

动作要领：重心前移，左脚向前上一步，左腿屈膝半蹲，呈不丁不八马。同时，右腕外旋，右掌变锁喉指收于右胸前；左拳变锁喉指由腹前向前上方推出，左手略高于肩，目视左手（如图 8–28 所示）。

动作要点：右掌缠腕回收和左腿上步、左手推击锁喉要协调一致，同时完成。锁喉时动作要迅速准确，上体略前倾，重心偏于左腿。

击法要点：当我右腕被敌抓住时，我右手腕反抓敌腕往回拉。同时，左手猛锁敌喉部。

六、二龙戏珠（二指摸珠）

动作要领：重心前移，左锁喉指变掏裆指收回，置于腰左后侧，指尖向后；右锁喉指变摸珠指，由胸前向前上方插击，手心朝下，指尖朝前。同时，右脚向前上步，呈不丁不八马，目视二指（如图 8–29 所示）。

动作要点：上步要快，步法要稳。左手回收、右手插击和上步要协调一致，右摸珠指向前上插击时要快速准确，使力聚于指尖。

击法要点：当敌托住我左腕，欲破我锁喉时，我左手迅速下扣抓握敌之手腕猛力拉回。同时，速用摸珠指插进敌眼。

七、蛤瑛钓珠

动作要领：右摸珠指下按。同时，左腿屈膝向前上踢起，脚尖上勾，力点贯于脚尖，目视前下方（如图 8–30 所示）。

动作要点：左腿上踢要快速有力，高不过腰；支撑腿微屈，五趾抓地，以保持身体平衡。

击法要点：当我右摸珠指插击敌眼时，敌慌忙上架，下露空当，我见势起脚猛踢敌小腹或裆部。

八、小鬼抱柱

动作要领：左腿向左后方落步，呈不丁不八马。同时，左指变掌由腰后向前、向里箍抱，至胸前变拳，拳心朝下；右指变掌，掌心朝下，向内箍抱，并握住左手手腕，拇指侧朝内，手心朝下，目视右前方（如图 8-31 所示）。

动作要点：左腿下落与两手箍抱要协调完成，步法要稳。

图8-28　二指锁喉

图8-29　二龙戏珠（二指摸珠）

图8-30　蛤瑛钓珠

图8-31　小鬼抱柱

九、孔雀开屏

动作要领：身体左后转，右脚脚尖内扣；左脚收于右脚前，前脚掌虚点地面，呈虚实马。同时，右掌向左下方拨击，护于裆前，掌心朝左，指尖斜向下；左拳变掌上挑至左额前，掌心朝右，指尖斜朝上，高与头齐，目视左前方（如图 8–32 所示）。

动作要点：右掌下拨、左掌上挑与转身呈虚实马要同时完成；转身要快，下拨上挑要脆快有力。

击法要点：当敌从背后攻向我头部和腰部时，我突然转身，上挑下拨敌之拳脚。

图8–32　孔雀开屏

十、右水里铲月

动作要领：左掌变拳，从左向右下方抓握成拳，拳心朝下，拳眼朝内，置于右胸前。同时，身体右转，重心前移，右腿屈膝提起，目视前方（如图 8–33 所示）。

右脚向左前方震脚落步，左腿向左前方上步，呈不丁不八马。同时，上体左拧，右掌向左前方撩击，掌心斜朝上，高与腰齐，目视右掌（如图 8–34 所示）。

动作要点：左手里扣时要略抓握；右脚震脚要沉稳有力。右脚震脚、左腿上步与右手撩击的动作要连贯协调，并利用拧腰的力量，使右撩掌发出脆劲，力达掌根。

击法要点：假设敌右拳击我头部，我左掌内拨抓住敌之手腕；同时，提右脚猛跺敌之脚面，并抬右掌撩击敌之裆部或小腹。

十一、左水里铲月

动作要领：左腿蹬地提起，重心移至右腿，身体略向右转，目视左方（如图 8-35 所示）。上动不停，左脚经右腿前向右后方震脚下落，右脚随即向右后方撤步，呈不丁不八马。同时，左拳变掌向左上方起，掌心朝右，指尖朝上，左臂微屈；右掌变拳收于腹前，目视左掌（如图 8-36 所示）。上动不停，左掌从左向右、向下抓握成拳，拳心朝下，拳眼朝内，置于右胸前。同时，身体左拧，右拳变掌向左前下方撩击，掌心斜朝上，高与腰齐，目视左下方。

动作要点：撤步时，步法要快速敏捷，不可跳起，左脚震脚要沉稳有力。右掌撩击时，要借助重心下降与身体左拧的力量，使力达掌根。

击法要点：当敌向我逼进，并用拳向我头部击来时，我迅速向后撤步。同时，左手向内拨动并抓住敌之手腕，右手猛撩敌腹部或裆部。

十二、猛虎推山

动作要领：身体右转，左腿蹬直，重心右移，呈不丁不八马。同时，右掌变拳与左拳同抱于腹前，拳心朝内，拳眼朝上，目视右前方（如图 8-37 所示）。上动不停，身体左转，右腿蹬起向左前方上步，呈不丁不八马。同时，两拳变掌向前上方推击，掌心朝前，指尖朝上，两臂微屈，右掌指尖高与眼齐；左掌置于右前臂内侧，指尖高与胸齐，力达掌根，目视右掌（如图 8-38 所示）。

动作要点：身体右转、两拳收向胸前时，要憋气蓄力，推掌时要借助上步拧腰转体的力量，突然发力，使动作协调一致地完成。同时，发出“咳”的喊声，以气催力。

击法要点：当敌向我上身进击时，我重心后移躲过，并趁敌“旧力已过，新力未生”之时进行反击，用猛虎推山势将敌击倒。

图8-33 右水里铲月（1）

图8-34 右水里铲月（2）

图8-35 左水里铲月（1）

图8-36 左水里铲月（2）

图8-37 猛虎推山（1）

图8-38 猛虎推山（2）

十三、牵牛过栏

动作要领：右腿蹬地，重心左移，两腿屈膝下蹲呈八字马。同时，身体向左拧，两掌五指微屈，从上经腹前向左下方牵拉，重心略偏于左腿，目视左下方（如图 8–39 所示）。

动作要点：两臂牵拉时，要借助蹬腿拧腰之势发出猛劲。重心略低于八字马，身体略向左倾。

击法要点：当敌向我进攻时我抓握敌之手臂顺势牵拉，使敌失去重心。

十四、饿牛顶柱（拉弓顶）

动作要领：左腿蹬地，重心略右移。同时，右臂屈肘向右上方顶撞，肘尖高与肩齐；左手握拳收于腹前，拳心朝内，目视右肘（如图 8–40 所示）。

动作要点：顶肘时，前臂内旋，并与上臂夹紧，要借拧腰、转体、蹬腿的力量，使力量贯于肘尖，并发出寸劲。

击法要点：当我使用“牵牛过栏”时，敌失去重心，往左跌扑，我速用“饿牛顶柱（拉弓顶）”猛击敌肋部。

图8-39　牵牛过栏

图8-40　饿牛顶柱（拉弓顶）

十五、小鬼推磨

动作要领：两腿蹬地撑起，身体略向左转；同时，两拳变掌向左上摆动，目视左掌（如图 8–41 所示）。上动不停，身体左后转，右腿向前上步，呈八字马。同时，两掌向左、向下、向右下方画弧切击，两臂微屈，右掌略高于左掌，右掌掌心朝下，左掌掌心朝上，指尖朝前，力点贯于小指一侧，目视右前方（如图 8–42 所示）。

动作要点：上步呈八字马和摆臂切击动作要连贯，并借助拧腰、转身的力量，使力聚于两掌的小指一侧。

击法要点：当敌击打我左太阳穴时，我转身摆掌，拨开敌之来拳，并顺势切击敌腰腹部。

十六、饿虎扑食

动作要领：身体左转，右脚蹬地向前上步，呈不丁不八马。同时，两掌收经腹前向右前方切击，两臂微屈，右掌略高于左掌，指尖朝前，右掌掌心朝下，左掌掌心朝上，力点贯于小指一侧，目视右掌（如图 8–43 所示）。

动作要点：上步要快，步法要稳；两掌切击与上步呈不丁不八马要协调一致，并借助蹬腿的力量，使两掌发出爆发力。

击法要点：此动作是假设在左右受敌的情况下，我左切右击，进攻敌人。

图8-41 小鬼推磨（1）

图8-42 小鬼推磨（2）

十七、单刀破竹

动作要领：右脚脚尖里扣，身体左转，重心左移，呈不丁不八马。同时，右掌经右肩上方向前下方劈击，右臂微屈，掌心朝左，指尖斜朝上，力点贯于小指一侧；左掌变锁喉指，置于右肘下，手心朝右，虎口朝上，目视右掌（如图 8–44 所示）。

动作要点：劈掌与蹬腿、拧腰要协调一致，力点贯于小指一侧。

击法要点："单刀破竹"式与"饿虎扑食"式一样，亦假设是在左右受敌时进行指左打右的进攻练习。此动作为击敌脸部或颈部。

十八、谢拳（收式）

动作要领：左脚向左后方撤步，与右脚站在一条直线上，两脚距离略宽于肩，两腿微屈下蹲，呈高八字马。同时，右掌与左锁喉指变拳，右拳在上，左拳在下，重叠于体前，拳眼朝上，拳心斜朝内，目视前方（如图 8–45 所示）。

畲族拳小六步
完整示范

动作要点：左脚回收与两拳重叠应同时，上体自然正直，下颌微内收。

还原：两腿直立，左脚向右脚靠拢，呈立正姿势。同时，两拳变掌，自然下垂，贴于体侧，双目正视前方（如图 8-46 所示）。

图8-43 饿虎扑食

图8-44 单刀破竹

图8-45 谢拳（收式）（1）

图8-46 谢拳（收式）（2）

第四节 畲族拳竞赛规则

一、比赛场地

①个人项目的比赛场地为长 14 米、宽 8 米，场地四周内沿标明 5 厘米宽的白色边线。场地周围至少有 2 米宽的安全区域。

②集体项目、表演项目的比赛场地为长 16 米、宽 14 米，场地四周内沿标明 5 厘米宽的白色边线。场地周围至少有 1 米宽的安全区域。

③比赛场地上方无障碍空间的垂直高度不少于 8 米，两个比赛场地之间的距离不小于 4 米。

二、竞赛类型

①个人赛。

②团体赛。

③个人及团体赛。

三、竞赛年龄分组

①少年组（C组）：12 ～ 17 周岁。

②青年组（D组）：18 ～ 39 周岁。

③中年组（E组）：40 ～ 59 周岁。

④老年组（F组）：60 周岁以上。

四、比赛顺序及检录

在仲裁委员会和总裁判长的监督下，运动员抽签确定比赛顺序。第一次检录时间为赛前 30 分钟，第二次检录时间为赛前 20 分钟，最后一次检录时间为赛前 10 分钟。运动员听到上场点名、完成比赛套路及现场成绩宣告时，应向裁判长行抱拳礼。

五、计时

①运动员由静止姿势开始动作计时，完成全套动作后并步直立，计时结束。

②完成套路时间为 2 ～ 3 分钟。运动员演练至 2 分钟时，裁判长鸣哨提示。

③集体项目完成套路时间为 3 ～ 4 分钟。

④表演项目完成套路时间为 3 ～ 4 分钟。

⑤运动员完成套路时间的计算方法：裁判组用 2 块秒表同时计时，以较接近规定时间的秒表所计时间为准。

⑥根据竞赛类型和竞赛内容的不同，可在规程中对完成套路时间作出相应的规定。

六、比赛服装

①裁判员应穿着统一的裁判员服装。

②运动员应穿着具有运动特色、项目特色、民族特色、时代特色的比赛服装和武术鞋。

③根据竞赛类型和竞赛内容的不同，可在规程中统一规定运动员的比赛服装。

七、评分方法

①各项目满分为 10 分。

②评分裁判员根据运动员（队）现场演练的技术水平，对照“等级评分总体要求”的相符程度，按照等级评分的标准确定运动员（队）的等级分数，减去运动员演练中出现的“其他错误”的扣分。评分裁判员所示分数精确到小数点后两位数，尾数为 0 ～ 9。

③应得分数的确定：三名评分裁判员评分时，取三名评分裁判员所评分数的平均值为运动员的应得分；四名评分裁判员评分时，取中间两名评分裁判员所评分数的平均值为运动员的应得分；五名评分裁判员评分时，取中间三名评分裁判员所评分数的平均值为运动员的应得分。应得分取到小数点后两位数，小数点后第三位数无效。

④裁判长调整分数：当评分出现明显不合理时，在出示运动员最后得分之前，裁判长可给予加分或减分。裁判长加分或减分的范围为 0.01 ～ 0.05 分。经总裁判长同意后，裁判长加分或减分的范围为 0.05 ～ 0.10 分。

⑤最后得分的确定：裁判长从运动员的应得分中减去“裁判长的扣分”，再加上“裁判长调整分数”，即为运动员的最后得分。

八、评分标准

①动作规范，方法正确，风格突出。运动员演练的套路应包含该项目的主要内容和技法，突出项目技术特点和个人演练风格。

②劲力顺达，力点准确，动作协调。运动员的演练应表现出该项目的劲力与方法，手、眼、身法、步配合协调，器械项目要求身械协调统一。

③节奏恰当，精神专注，技术熟练。运动员的演练应表现出合理的动作节奏，鲜明的攻防意识和娴熟的演练技巧。

④结构严密，编排合理，内容充实。运动员演练的整套动作应与该项目的技术特点保持一致，具有传统性。

⑤功法项目应动作规范，松静自然；连贯圆活，速度适宜；意念集中，呼吸顺畅；神态自然，风格突出；演练神韵与项目特点相融合。

⑥对练项目应内容充实，结构紧凑，动作逼直，风格突出，配合严密，攻防合理。

⑦集体项目应队形整齐，应以该项目的技术为主要内容，突出项目特点，配合默契，动作整齐划一，结构紧密，布局匀称，并富于一定的图案变化。

⑧配乐项目的音乐风格应与项目特点和技术动作和谐一致。

九、扣分内容与标准

①遗忘：扣 0.1 分。

②出界：扣 0.1 分。

③失去平衡：晃动、移动、跳动扣 0.1 分。

④器械、服装影响动作：扣 0.1 分。

⑤器械变形：扣 0.1 分。

⑥附加支撑：扣 0.2 分。

⑦器械折断：扣 0.3 分。

⑧器械掉地：扣 0.3 分。

⑨倒地：扣 0.3 分。

⑩对练：击打动作落空，扣 0.1 分；误中对方，扣 0.2 分；误伤对方，扣 0.3 分。

以上错误每出现一次，扣一次；在一个动作中，同时发生两种以上不同错误，应累计扣分。

十、裁判长扣分

①运动员完成套路时间，凡不足规定时间或超出规定时间在5秒以内（含5秒），扣0.1分。

②不足规定时间或超出规定时间超过5秒，在10秒以内（含10秒），扣0.2分。

③不足规定时间或超出规定时间达10秒以上，扣0.3分。最多扣0.3分。

④运动员完成套路时间不足或超出规定时间的扣分已达0.3分时，裁判长应提示运动员立即中断套路进行收势，此种情况应视为运动员完成套路。

⑤运动员因自身因素未完成套路，经裁判长同意可重做一次。运动员重做后，裁判长在其应得分的基础上，扣1分。运动员因客观因素未完成套路，可重做一次，不扣分。

⑥集体项目比赛的人数少于竞赛规程规定的人数，每少1人，扣0.5分。

⑦配乐不符合竞赛规程规定，扣0.1分。

十一、裁判员组成

①裁判组设裁判长1人、副裁判长1人；评分裁判员3～5人。

②编排记录长1人。

③检录长1人。

④编排记录员3～5人。

⑤检录员每场地2～3人。

⑥电子计分员每场地1～2人。

⑦仲裁摄像员每场地1～2人。

⑧放音员1～2人。

⑨宣告员1～2人。

▸思考与练习

1. 畲族拳的技术主要包括哪些？
2. 简述畲族拳的基本礼仪。
3. 简述畲族拳的动作要领。

本章思政元素

畲族人民顽强拼搏的精神在畲族体育中得到了淋漓尽致的体现。传承畲族体育文化，有利于扩大社会影响，弘扬民族文化自信；锻炼并培养学生坚持不懈、独立思考的品质，坚韧不拔、拼搏进取的意志，以及积极自信、合作共享的精神。

第九章　翻龙泉

▲▼▲▼▲▼▲▼▲▼▲▼▲▼▲▼▲▼▲▼▲▼▲▼

▸ **内容提要**

本章主要介绍翻龙泉运动的起源、发展概况，着重分析翻龙泉运动的基本技术动作特点，阐述翻龙泉运动的开展与推广。

第一节　翻龙泉运动概述

翻龙泉活动主要在浙江西南部举行，是沿袭古代在大旱季节里祈求龙王下雨的一种仪式。浙西南丽水市的莲都区、缙云县、青田县、景宁县等地区都有开展庙会祭祀祈雨——翻龙泉这一民族民间习俗的历史，只是活动形式各有不同。

关于浙西南一带山区开展祈求龙王降雨的“翻龙泉”活动，在始建于宋嘉定八年（1215 年）的惠应祖庙的《惠应庙志》中有两处关于祈雨“告溯”的记载。清道光二十六年（1846 年）刻本《丽水县志》记载“唐时，祈雨于北山丽阳庙”。

2010 年 6 月，丽水学院组成翻龙泉项目开发和项目运动训练队，对原翻龙泉活动进行扬弃，保留项目展现了人们对战胜恶劣自然条件的渴望和对五谷丰登美好愿望的追求。作为经整理开发的民族传统体育项目，翻龙泉运动以原始、粗犷的音乐伴随整个活动过程，参与者随音乐跳原始舞步，同时选几个人从地面开始逐环翻上 6 米高的“龙泉”，展示各种技术动作，把“舞”与“武”有机结合，营造气势磅礴的氛围。翻龙泉运动成为一项集传统性、健身性、娱乐性、观赏性于一体的民族传统体育项目。

第二节　翻龙泉运动基本技术

根据人体运动科学原理，翻龙泉运动充分发挥运动员身体潜在能力，以有效完成动作方法为依据，设计规范动作技术，凸显动作技术的内在规律。翻龙泉运动的动作主要有：攀杆；跳起抓杆，悬垂向前，上翻转成支撑；挺身悬垂向前，上翻转成支撑；支撑向前，下翻转挺身成悬垂；蹲悬垂。

①起始动作：三人直立于器材前，目视前方（如图 9-1 所示）。

②两人保护，一人双手抓住第一层向上攀爬（如图 9-2 所示）。

③卷身上，双臂牵拉，使身体向上折叠（如图 9-3 所示）。

④卷身上，双手发力，使身体卷身呈倒立（如图 9-4 所示）。

⑤卷身到龙泉架第二层，使身体回到同侧（如图 9-5 所示）。

⑥卷身上完成第二层，身体呈正立姿势（如图 9-6 所示）。

⑦双手抓住第三层，再次卷身上（如图 9-7 所示）。

⑧卷身上，使身体折叠（如图 9-8 所示）。

⑨卷身上，双手发力，使脚越过另一侧（如图 9-9 所示）。

⑩卷身上完成第三层，身体呈正立姿势（如图 9-10 所示）。

⑪攀爬到龙泉架最高处，双脚站立在龙泉架上，注意收腹立腰，眼睛平视前方（如图 9-11 所示）。

⑫两边同学从侧面爬杆上龙泉架第一层，完成所有动作展示（如图 9-12 所示）。

翻龙泉运动的动作技术主要是指动作各环节之间的相互联系和相互作用，包含人体相对于器械运动的运动学特征（时间、空间、速度和加速度），以及人体用力的动力学特征（身体各部位参加运动的顺序、肌肉的紧张程度、内外力的相互协调等）。参加者通过学习翻龙泉运动的各种步法，增强身体的协调性、灵敏性和节奏感。在掌握翻龙泉运动翻上、翻下动作技术和技巧时，参加者充分利用身体诸关节的能动性，通过肩和髋关节的屈伸，合理运用肌肉力量，克服重力和重力距，不断改变人体各关节的相对位置，并进行速度调配，做变速位移的动作，锻炼身体的动力和静力平衡控制，均衡发展力量、耐力、协调性与灵敏性等身体素质。

图9-1 翻龙泉（1）

图9-2 翻龙泉（2）

图9-3 翻龙泉（3）

图9-4　翻龙泉（4）

图9-5　翻龙泉（5）

图9-6　翻龙泉（6）

图9-7 翻龙泉（7）

图9-8 翻龙泉（8）

图9-9 翻龙泉（9）

图9-10　翻龙泉（10）

图9-11　翻龙泉（11）

图9-12　翻龙泉（12）

翻龙泉

第三节 翻龙泉运动的开展与推广

一、参加体育竞赛

参加体育竞赛，不仅是民族民间传统体育文化传承的一个途径，更能将民族民间传统体育活动的美展现给世人，让更多的人了解民族民间传统体育文化，为民族民间传统体育的发展开辟新的道路。丽水学院翻龙泉项目运动训练队，于 2010 年 11 月参加第四届浙江省少数民族传统体育运动会，获得二等奖。

二、参加文化节庆活动

翻龙泉运动是一项集传统性、健身性、娱乐性、观赏性于一体的民族民间传统体育活动项目，是浙西南地区祭祀求雨的地方传统文化的精彩演绎，具有很高的表演价值。翻龙泉项目多次参加丽水市莲都区“通济堰”双龙庙会的民俗表演，参加丽水市举办的《处州古韵》第六个“文化遗产日”的非物质文化遗产演绎活动等。翻龙泉项目已入选丽水市第四批非物质文化遗产名录。

三、引入高校体育教学

通过亲身参与，更多学生喜爱上民族民间传统体育。利用高校体育教育的广阔平台宣传民族民间传统体育文化，可有力推进民族民间传统体育文化的教育与传播。丽水学院体育学院将已开发的畲族传统体育项目、民族民间体育和少数民族传统体育融入高校体育教学中，编写了具有鲜明地方民族特色的教材，尤其是将开发的翻龙泉体育项目融入地方校本课程，增进了全校师生对地方民族传统文化的了解，培养了学生传承民族传统文化的兴趣，为民族传统体育项目的学校教育传承奠定了基础。

四、推广到中小学教学实践基地

翻龙泉运动现已推广到丽水的一些中小学教学实践基地，如景宁民族学校、丽水市莲都区老竹畲族乡中小学校、龙泉茶丰小学、遂昌县三仁畲族乡中心小学等民族学校，有助于中小学生传承浙江省民族民间传统体育文化，促进它的推广和普及。

五、开展全民健身

民间健身活动在中国社会较为普遍，它们对于体育技艺、文化等的传播和发展起到了极其重要的推动作用。翻龙泉运动既有原始的舞步，又有器械的技术技能练习，可以提高人体的力量、耐力、协调性、灵敏性和柔韧性等素质。不同年龄、不同体质状况的人，可以通过控制动作的速度、幅度和练习时间来调节运动量和强度。翻龙泉运动具有较高的强身健体价值，是一项适应面广、开发价值大的全民健身项目。

▸ 思考与练习

1. 简述翻龙泉运动的起源与发展情况。
2. 简述翻龙泉运动的历史表现形式。

本章思政元素

翻龙泉是浙江省非物质文化遗产，是国家和民族的历史沉淀，传承和保护好这一非物质文化遗产可以使学生获得归属感、认同感和荣誉感。

参考文献

陈国瑞，黄力生．中华民族传统体育现状及走向世界的对策[J]. 武汉体育学院学报，2000，34（1）：22–26.

陈雪飞．论畲族传统民间舞“传师学师”文化学意义[J]. 北京舞蹈学院学报，2007（3）：32–35.

崔乐泉．图说中国古代体育[M]. 2 版．西安：世界图书出版西安有限公司，2017.

邓廷良．民族体育之职能[J]. 成都体育学院学报，1992，18（1）：23–26，32.

方哲红．论畲族传统体育文化的发展对策[J]. 体育文化导刊，2003（9）：42–43.

方哲红．畲族传统体育活动及其文化特征[J]. 体育学刊，2003（2）：66–67.

方哲红．畲族传统体育“打尺寸”[J]. 浙江体育科学，2004，26（1）：46–48.

方哲红．畲族传统体育旅游资源分析[J]. 北京体育大学学报，2006（10）：1325–1326，1329.

冯霞，尹博，李树旺．我国少数民族体育的新发展[J]. 首都体育学院学报，2002，14（1）：94–96.

郭泮溪．中国民间游戏与竞技[M]. 上海：上海三联书店，1996.

郭平华．福建畲族传统体育的困境与出路[J]. 福建金融管理干部学院学报，2006（5）：62–64.

郭永红，方哲红．畲族体育旅游特色及发展对策[J]. 首都体育学院学报，2005，17（5）：22–23.

洪静静．福建省畲族民族传统体育文化的保留与发扬[J]. 黎明职业大学学报，2007（6）：21–24.

胡朴安．中华全国风俗志[M]. 上海：上海书店，1986.

胡小明．民族体育集锦[M]. 成都：四川民族出版社，1989.

胡小明．体育人类学[M]. 广州：广东人民出版社，1999.

胡小明．民族体育[M]. 北京：民族出版社，2001.

黄银华，龚群. 从娱乐性谈民族传统体育的开发与利用[J]. 武汉体育学院学报，2006，40（11）：55–57.

《景宁畲族自治县概况》编写组. 景宁畲族自治县概况[M]. 杭州：浙江人民出版社，1986.

兰润生，林荫生. 试论福建省畲族传统体育的历史源流与发展[J]. 北京体育大学学报，2004，27（3）：306–308.

兰润生. 福建省畲族民间体育保存现状及保护措施研究[J]. 西安体育学院学报，2005（2）：55–58.

蓝炯熹. 畲民家族文化[M]. 福州：福建人民出版社，2002.

廖丽琴. 浅谈中国传统体育文化的可持续发展[J]. 新余高专学报，2006，11（6）：29–31.

林荫生. 闽东畲族文化全书·体育卷[M]. 北京：民族出版社，2009.

刘德琼，胡英清，刘靖南，等. 少数民族传统体育[M]. 桂林：广西师范大学出版社，2000.

刘冬. 闽东畲族传统文化特征[J]. 宁德师专学报（哲学社会科学版），2008（2）：46–52.

龙佩林，刘少英，白晋湘. 西部开发与民族传统体育的发展[J]. 西安体育学院学报，2000，17（4）：1–3.

龙远蔚. 中国少数民族现状与发展调查研究丛书：福安市畲族卷[M]. 北京：民族出版社，1999：100–103.

卢元镇. 体育社会学[M]. 北京：高等教育出版社，2001.

芦平生，杨兰生. 西北少数民族传统体育的项群分类及其特征[J]. 中国体育科技，2001，37（9）：12–15.

陆草. 中国武术[M]. 广州：广东旅游出版社，1996.

马戎. 民族与社会发展[M]. 北京：民族出版社，2001.

倪依克. 论中华民族传统体育[M]. 北京：北京体育大学出版社，2005.

邱国珍，姚周辉，赖施虬. 畲族民间文化[M]. 北京：商务印书馆，2006.

邱丕相. 民族传统体育概论[M]. 北京：高等教育出版社，2008.

《畲族简史》编写组. 畲族简史[M]. 福州：福建人民出版社，1980.

《畲族文化研究论丛》编委会. 畲族文化研究论丛[M]. 北京：中央民族大学出版社，2007.

盛琦，丁志明. 中国体育风俗[M]. 天津：天津人民出版社，1992.

史念海. 中国古都和文化[M]. 北京：中华书局，1998.

王德洪，宋狄雷. 浙西南山区畲族传统体育状况与特点的研究[J]. 武汉体育学院学报，2004，38（1）:29–31.

熊晓正. 机遇与挑战——对我国民族传统体育发展之浅见[J]. 成都体育学院学报，1988（4）：21–28.

熊志冲. 传统体育与传统文化[J]. 体育文化导刊，1989（5）：4–9.

徐才. 武术学概论[M]. 北京：人民体育出版社，1996.

薛祖辉，曾智.《高皇歌》：双重表述下的畲族族群文化[J]. 四川教育学院学报，2008，24（4）：34-36.

叶伟，王晓东，徐伟军. 试论我国民族传统体育的现状及其运行机制的改革设想[J]. 北京体育大学学报，2004，27（3）：314-316.

余万予，郑国华，朱小丽. 广西少数民族传统体育现状及发展对策研究[J]. 天津体育学院学报，2005，20（1）：28-30.

张建平，金晓峰，章华. 畲族体育文化现状分析及其发展对策研究[J]. 体育文化导刊，2004（7）：73-74.

张立文. 传统学引论：中国传统文化的多维反思[M]. 北京：中国人民大学出版社，1989.

张迎庆. 论少数民族体育促进西藏体育经济发展[J]. 西藏体育，1995（1）：32-33.

赵静冬，殷俊，陈宇红. 中国少数民族传统体育研究[M]. 昆明：云南民族出版社，2001.

赵理强. 畲族传统体育探源[J]. 浙江体育科学，1995（3）：55-57.

赵理强. 浙江省参加历届全国民运会回顾与思考[J]. 浙江体育科学，2002，24（5）：18-20，24.

赵理强. 民族传统体育教程[M]. 北京：科学出版社，2006.

赵忠伟，陶华滨，张永刚，等. 东北地区少数民族传统体育的发展现状及其未来发展趋势[J]. 武汉体育学院学报，2006，40（9）：14-16.

中国大百科全书总编辑委员会《民族》编辑委员会. 中国大百科全书：民族[M]. 北京：中国大百科全书出版社，1986.

《中国少数民族传统体育大全》编委会. 中国少数民族传统体育大全[M]. 沈阳：辽宁民族出版社，2017.

周伟良. 中华民族传统体育概论高级教程[M]. 北京：高等教育出版社，2003.